夢想起飛

萊特兄弟

齊 飛 著

三民書局

獻給孩子們的禮物

世界上最幸福的孩子，是他們一出生就有機會接近故事書，想想看，那些書中的人物，不論古今中外都來到了眼前，與他們相識，不僅分享了各個人物生活中的點滴，孩子們的想像力也隨著書中的故事情節飛翔。

不論世界如何演變，科技如何發達，孩子一世幸福的起源，仍然來自於父母的影響，如果每一個孩子都能從小在父母親的懷抱中，傾聽故事，共享閱讀之樂，長大後養成了閱讀習慣，這將是一生中享用不盡的財富。

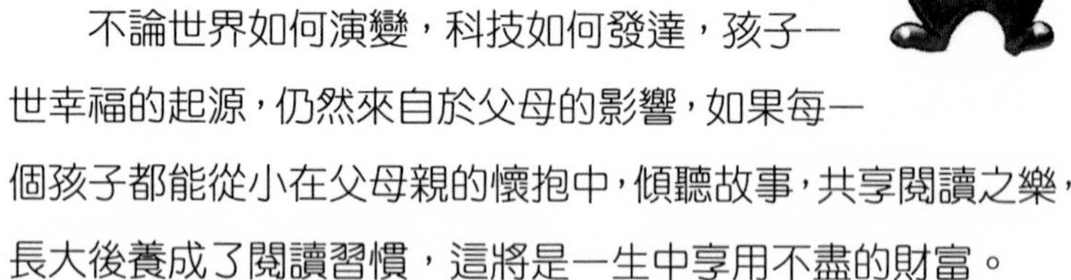

三民書局的劉振強董事長，想必也是一位深信讀書是人生最大財富的人，在讀書人口往下滑落的多元化時代，他仍然堅信讀書的重要，近年來，更不計成本，連續出版了特別為孩子們策劃的兒童文學叢書，從「文學家」、「藝術家」、「音樂家」、「影響世界的人」系列到「童話小天地」、「第一次」系列，至今已出版了近百本，這僅是由筆者主編出版的部分叢書而已，若包括其他兒童詩集及套書，三民書局已出版不下千百種的兒童讀物。

劉董事長也時常感念著，在他困苦貧窮的青少年時期，是書使他堅強向上，在社會普遍困苦，而生活簡陋的年代，也是書成了他最好的良伴，他希望在他的有生之年，分享這份資產，讓下一代可以充分使用，讓親子共讀的親情，源遠流長。

「世紀人物 100」系列早就在他的關切中構思著，希望能出版孩子們喜歡而且一生難忘的好書。近年來筆者放下一切寫作，接下這份主編重任，並結合海內外有心兒童文學的作者共同為下一代效力，正是感動於劉董事長致力文化大業的真誠之心，更欣喜許多志同道合的朋友，能與我一起為孩子們寫書。

「世紀人物 100」系列規劃出版一百位人物故事，中外各占五十人，包括了在歷史上有關文學、藝術、人文、政治與科學等各行各業有貢獻的人物故事，邀請國內外兒童文學領域專業的學者、作家同心協力編寫，費時多年，分梯次出版。在越來越多元化的世界中，每個人都有各自的才華與潛力，每個朝代也都有其可歌可泣的故事，但是在故事背後所具有的一個共同點，就是每個傳主在困苦中不屈不撓，令人難忘的經歷，這些經歷經由各作者用心博覽有關資料，再三推敲求證，再以文學之筆，寫出了有趣而感人的故事。

西諺有云：「世界因有各式各樣不同的人群，才更加多采多姿。」這套書就是以「人」的故事為主旨，不刻意美化傳主，以每一位傳主的生活經歷為主軸，深入描寫他們成長的環境、家庭教育與童年生活，深入探索是什麼因素造成了他們與眾不同？是什麼力量驅動了他們鍥而不捨的毅力？以日常生活中的小故事，來描繪出這些人物，為什麼能使夢想成真。為了引起小讀者的興趣，特別著重在各傳主的童年生活描述，希望能引起共鳴。尤其在閱讀這些作品時，能於心領神會中得到靈感。

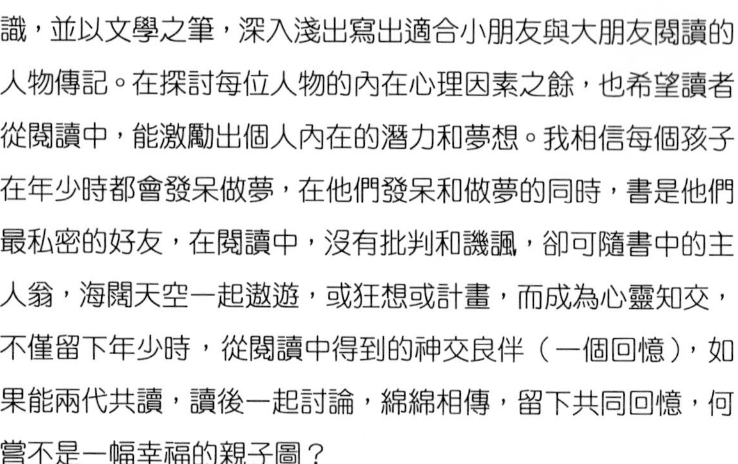

和一般從外文翻譯出來的偉人傳記所不同的是，此套書的特色是，由熟悉兒童文學又關心教育的作者用心收集資料，用有趣的故事，融入知識，並以文學之筆，深入淺出寫出適合小朋友與大朋友閱讀的人物傳記。在探討每位人物的內在心理因素之餘，也希望讀者從閱讀中，能激勵出個人內在的潛力和夢想。我相信每個孩子在年少時都會發呆做夢，在他們發呆和做夢的同時，書是他們最私密的好友，在閱讀中，沒有批判和譏諷，卻可隨書中的主人翁，海闊天空一起遨遊，或狂想或計畫，而成為心靈知交，不僅留下年少時，從閱讀中得到的神交良伴（一個回憶），如果能兩代共讀，讀後一起討論，綿綿相傳，留下共同回憶，何嘗不是一幅幸福的親子圖？

2006 年，我們升格成為祖字輩，有一位朋友提了滿滿兩袋的童書相送，一袋給新科父母，一袋給我們。老友是美國國家科學院院士，曾擔任過全美閱讀評估諮議委員，也是一位慈愛的好爺爺，深信閱讀對人生的重要。他很感性的說：「不要以為娃娃聽不懂故事，我的孫兒們一出生就聽我們唸故事書，長大後不僅愛讀書而且想像力豐富，尤其是文字表達能力特別強。」我完全同意，並欣然接受那兩袋最珍貴的禮物。

因為我們同樣都是愛讀書、也深得讀書之樂的人。

謹以此套「世紀人物 100」叢書送給所有愛讀書的孩子和家庭，以及我們的孫兒——石開文，他們都是世界上最幸福的孩子，因為從小有書為伴，與愛同行。

簡宛

作者的話

飛行一直是人類的夢想，也是我從小到大的夢想。但這夢想也曾因近視而一度放棄，於是開始玩樂團，唱民歌餐廳，度過一段荒誕不經的日子。大學念了五年還一直無法畢業（第六年終於畢業了），直到得知招考飛行員的標準放寬，就算是近視也可以報考，又重新燃起埋藏在心中的飛行希望。於是，在一年之內，修完全部的學分，通過英文檢定考試，解決兵役問題……甚至戒菸、改變生活作息、鍛鍊體能，為的就是希望能實現飛行的夢。

有志者事竟成，這句話說得一點也沒錯。我終於如願考上飛行員資格，到澳洲受訓一年期間，努力充實自己，不錯過每次飛行的機會，順利結業。回臺後，再接受一年的飛行訓練，正式成為飛機的副駕駛。

我永遠記得第一次飛上青天的情景，那興奮之情溢於言表。我相信萊特兄弟也是如此。他們兄弟倆從小就對飛行非常感興趣，雖然沒有受過高等教育，但是他們的機械觀念非常好，手藝也不錯，常常自己動手做許多小東西。他們一直很注意各種有關飛行的訊息，也看過不少有關飛行的書，其中德國李里塔爾的研究及著作對他們的影響很大。直到李里塔爾在一次滑翔翼測試活動中意外墜機身亡後，萊特兄弟覺得自己有義務要

繼承他的遺志，於是開設腳踏車店來維持測試飛機所須的費用，他們更從中受到啟發。

為了完成飛行的夢想，萊特兄弟終身未娶，原因是他們覺得自己沒有時間、也沒有精力應付一個妻子。經過無數次的實驗，終於在 1903 年成功的完成第一架可載人的動力飛行器。而他們發明的三軸控制，至今仍是固定翼飛機飛行的基本原理。

在小鷹鎮那寒冷的外岸區，那關鍵的十二秒、短短的三十七公尺，萊特兄弟精心設計製造的飛行者一號順利升空飛行，並安全的降落，從此改變了世界。由於萊特兄弟對飛行的執著，才有今日便利快捷又安全的飛機，拉近世界各地的距離，使世界成為一個地球村。

這次臨危授命，要在這麼短的時間內寫完這本書，這挑戰真是比考飛行員還大，尤其這是我的第一本書，對象又是年輕的朋友，心中著實惶恐不安。幸虧有好友相助，幫忙收集資料，指正我的缺失與錯誤，在此表示感謝。也希望藉由這本書告訴年輕朋友：有夢就去追！更重要的是要堅持到底，相信每個人都能美夢成真，讓夢想起飛。

說了這麼多之後，或許你還要問李里塔爾是誰？萊特兄弟又是如何發明飛機的？其中的曲折如何？什麼是三軸控制？固定翼飛機又是什麼？就讓我慢慢告訴你吧！

寫書的人

齊　飛

從小就喜歡飛行的齊飛也喜歡唱歌和開車。曾當過熱門音樂社的主唱、吉他手，對自己的歌聲還蠻有信心的。也因為喜歡開車而立志要拿齊所有車種的駕照，還曾經參加正式的小型賽車比賽。現在的他是駕駛飛機的副駕駛，很佩服萊特兄弟的毅力，覺得自己有幾分像萊特兄弟，對自己的理想堅持到底。希望一輩子都可以自由自在的在天空中遨遊。

夢想起飛

萊特兄弟

目次

世紀人物100

萊特兄弟

兄 維爾伯·萊特

1867～1912

弟 奧維爾·萊特

1871～1948

1 領航

歡迎來到未來航空公司，我是大家的領航員。首先要恭喜你，從百萬人中雀屏中選，得以參加這次A8888的首航，而且是以特別來賓的身分，進入駕駛艙與正副駕駛一同啟航。

在出發之前，先跟著我的腳步到我們公司的飛行博物館參觀一下吧！你不要小看這座博物館，進到裡頭去，你就知道它有多麼不一樣了！

你想先參觀A380？好啊，沒問題！現在請你閉上眼……，心裡想著A380，博物館裡的「心想事成機」便會實現你的願望。請看，在你眼前的這個龐然大物就是21世紀初體積最大、載客量最多的民航客機——A380。

抬頭看看，它的高度有24.1公尺，大約是八層樓高；它的長度則有73公尺，大概是50個像你一樣的小朋友頭腳相接躺下的長度；它一次可以搭載555名乘客，比被稱為巨無霸客機的波音747載客量多上一百多人；而在加滿油的情況下可以連續飛行一萬五千公里，相當於繞行臺灣12圈。

它不只是外觀巨大而已，還配備有最先進的電腦儀器，協助駕駛操控它，以確保乘客的安全。

我們之所以有這麼先進、安全、便利的飛機可以搭乘，都得感謝那對有名的兄弟。

飛行者一號

聰明的你一定知道我所說的那對有名的兄弟是誰。沒錯！就是發明第一架可以載人、可操控的動力飛行器的萊特兄弟。

你問我為什麼要說他們發明的是「可以載人、可操控的動力飛行器」，而不說是發明了飛機？其實，如果說他們發明了飛機也沒錯，不過，我想更精確的表達他們發明的飛機的特點：第一是可以載人，第二是可以操控，第三是具有動力。

我看你對飛機這麼有興趣，就讓我帶領你來一趟復古的飛行之旅吧！

來，現在跟著我的腳步，

我們即將抵達 1903 年 12 月 14 日，美國北卡羅萊納州的小鷹鎮。看到了嗎？萊特兄弟正準備測試第一架有動力的飛機呢！

唉唷！這裡的風還真大啊！你看，放眼望去盡是荒蕪的沙丘，原本是高低起伏的地形，非常不利飛行測試。不過，前一陣子下了場大雨，洪水肆虐，卻意外的將沙地給整平了。

正在檢視那條長軌道的是哥哥維爾伯．萊特，站在飛機旁東看看、西瞧瞧的是弟弟奧維爾．萊特。你有沒有發現他們都穿著整套的西裝，還打上領帶、戴上帽子呢！他們平常就會穿戴得非常整齊，就連飛行時也不例外，更何況在這重要的一刻。

飛機現在正停放在長軌道上，趁飛機還沒起飛，我們先來看看這架飛機的架構吧！

萊特兄弟將這架飛機命名為「飛行者一號」。它的建造材料是木材＊，主要架構是一個框架和翼長 12.3 公尺的雙層機翼。

在飛機最前頭的是「起落滑橇」，起落滑橇架在一臺單軌推車上，飛機起飛後，推車會自動脫落，降落時起落滑橇就成了飛機滑行接觸的部位。在起落滑橇後面的是「升降舵」，主要功能為控制飛機飛行時的俯仰角度。法國人戲稱這個加了水平升降舵的飛機為

放大鏡

＊萊特兄弟之所以選擇木頭這個材料，除了因為容易取得之外，還因為木材不但堅固而且具有彈性。他們選擇的木材是雲杉，具有輕薄、堅韌的特性。

「鴨子」，因為他們覺得加了升降舵的飛機看起來就像在飛的鴨子（雖然我覺得不怎麼像）。

升降舵後方、在低層機翼中間的這個鞍座就是駕駛趴臥的地方，你要稱它為駕駛艙，我也不反對。駕駛利用手中的升降舵操桿，控制飛機升降的角度；鞍座與機翼用鋼索連接，駕駛利用身體的移動來操縱機翼的偏斜與後方的方向舵。

駕駛鞍座旁是這架飛機的心臟——引擎。為了這個引擎，萊特兄弟曾寫信給很多的引擎製造商，但都無法獲得滿意的答覆——沒有製造商願意為他們打造一個擁有至少八匹馬力、重量在八十公斤以下的引擎。但是他們一點也不灰心，既然買不到，就自己動手做一個吧！於是他們與他們的腳踏車技師一起研發，只用了六個星期的時間，就成功打造出一個具有十二匹馬力，重量僅有七十七公斤的引擎。然後用鏈條連接後面的螺旋槳，帶動螺旋槳的運轉，推動飛機向前進。

看到沒？螺旋槳就是飛機後面那兩個像電風扇扇葉的構造。來，我們到飛機後面來看個清楚。說到這螺旋槳也不簡單，萊特兄弟原本打算將船舶的螺旋槳稍加改造成適合飛機使用的螺旋槳，但是從來沒有人做過這樣的改造，更出乎意料的是連船舶螺旋槳的製造師傅都不知道為什麼船的螺旋槳要做成這個樣子。萊特兄弟只好土法煉鋼，經過無數次的失敗與測試，終於打造出每片葉片長2.6公尺的螺旋槳。

在兩個螺旋槳中間的是垂直的「方向舵」，可左右擺動來控制飛機飛行的方向。

好，現在你注意看飛機的機翼，你發現了嗎？機翼並不是平的，而是有點向下的弧度，這就是所謂的「下反翼」，這樣的設計可以提高飛機的控制性，但相對的缺點是穩定性比較不好。

現在我們站到機翼的側面來看。我先偷偷的把包覆在機翼上的布料掀開。從剖面來看，它的形狀像不像平躺的水滴形，說得精確一點，水滴的左右兩側都是弧形，但機翼的上側是弧形，下側卻是平的。

來，你現在想像兩個空氣分子在比賽跑步，起點是機翼

前端，終點是機翼尾端。其中一個空氣分子必須經機翼上緣、另一個經機翼下緣到達機翼尾端，但是這兩個空氣分子被要求同時抵達終點，這樣一來，從機翼上緣跑到機翼尾端的空氣分子，所經過的距離比較長，但是又要與經機翼下緣的空氣分子同時到達終點，勢必得用更快的速度才行。所以當上方空氣的速度比較快、產生的壓力就比較小；下方的空氣速度比較慢、產生的壓力比較大。因此產生了機翼上下緣的壓力差，此時壓力大的一方會向壓力小的一方擠壓，便產生了向上升起的力量*，這就是飛機能夠飛起來最重要的關鍵。

飛機要起飛前必須靠人力固定在軌道上，當引擎運轉達到全速時，便將飛機鬆開。此時飛機沿著軌道快速向前滑行，飛機起飛後，起落滑橇下的推車便會脫離，飛機順利起飛！至於降落時，起落滑橇就成為降落時與地面接觸的部位。

好啦！我們已經詳細介紹了飛機的構造，相信你都懂了。我們趕快將飛機恢復原狀吧！

咦？萊特兄弟又吵起來了！

放大鏡

＊這就是所謂的白努利定律，由丹尼爾・白努利（Daniel Bernoulli，1700～1782 年）所提出。白努利出生於荷蘭，是一名數學家，一生大部分的時間都居住在瑞士巴塞爾，他最重要的貢獻是最早以數學的方式表述氣體運動。他所提出的白努利定律簡單來說就是當流體流速減少時，壓力會增加，這定律對流體力學與空氣動力學有重要的影響。

3 試飛

萊特兄弟每次都會這樣大聲的「討論」，這回是為了誰要上飛機進行測試而爭執不下。

維爾伯從口袋裡掏出一枚銅板，對奧維爾說：「我知道這次我們一定會成功。至於是誰能完成這歷史性的測試，我們就丟銅板決定吧！」

奧維爾說：「好！我選字。」

維爾伯輕輕將銅板往上拋，銅板在空中翻轉幾圈之後落下。是人頭！

「太好了！」維爾伯開心的說。

奧維爾微笑點點頭，接著協助維爾伯趴臥在駕駛鞍座裡，再重新檢視飛機的各個部

位；維爾伯手握升降舵操桿，前後移動，測試升降舵運動無礙，然後擺動身體，測試方向舵以及機翼扭曲作用正常。

一切就緒。維爾伯發動引擎，瞬間產生轟隆巨響，等到引擎達到全速時，奧維爾把飛機鬆開。只見飛機沿著軌道全速向前滑行，維爾伯將操縱桿向後一帶，機鼻向上抬起，順利升空了。

「成功了！成功了！」奧維爾興奮得又叫又跳。

話音剛落，卻見飛機朝下，直挺挺的栽進沙地裡。

奧維爾緊張的跑了過去，問：「維爾伯，你沒事吧？」

維爾伯艱難的站了起來，拍拍身上的沙子，回答：「我沒事，我沒事。」他勉強擠出笑容，但滿臉盡是沮喪。

奧維爾安慰哥哥說：「沒關係，留得青山在，不怕沒材燒。」他看了看飛行者一號，接著說：「還好，飛行者一號沒有嚴重的損害，只要稍加整理，要再進行飛行測試絕對沒有問題。」

維爾伯說：「我們花了四年的時間建造飛行者一號，一切都按照我們的設計，為什麼……？」

奧維爾打斷維爾伯說：「沒關係，我們再仔細研究，看看問題出在哪兒。最重要的是你沒有受傷。」

維爾伯打起精神說：「嗯！你說的對，一切都按照我們的設計，不會錯的。走吧！我們回宿舍去研究設計圖，確定我們的想法沒錯。」不等奧維爾回答，維爾伯已經大步向宿舍邁進。奧維爾緊跟在後。

我們也一起到他們的宿舍瞧瞧吧！

小鷹鎮的宿舍

小鷹鎮這裡不但天氣冷冽，風沙和蟲子也很令萊特兄弟倆頭痛。奧維爾曾說：「我們到這裡是為了風、沙，我們也如願得到了。但很快的這就變成這裡唯一的東西了。」而肆虐的蚊蟲，更讓他們不舒服。但是，為了進行他們的飛行實驗，萊特兄弟每年都要到這個鳥不生蛋的地方來。

來吧！進萊特兄弟的宿舍裡躲躲風沙、取取暖。

首先，我們或許可以稱這裡為「客廳」。你看到牆上掛的相片了嗎？沒錯，那就是萊特兄弟的父親與母親。

萊特兄弟的父親彌爾頓一心一意想當個傳教的牧師，

1846 年加入基督教協基會＊，後來進入印第安那州的哈茲維爾學院就讀，於 1854 年畢業。就是在哈茲維爾學院期間，彌爾頓遇見了後來成為萊特兄弟母親的蘇珊。經過一連串的追求，彌爾頓終於鼓起勇氣向蘇珊求婚，並希望她能隨他一起就任新職，蘇珊雖然答應了他的求婚，卻婉拒了遷移的要求，但表示會等彌爾頓回來。

畢業後，彌爾頓正式成為牧師，1855 年到 1856 年期間在印第安納波里（印第安那州首

放大鏡

＊**基督教協基會**　是宗教改革後基督教的一支。協基會 (Church of the United Brethren in Christ) 的開始可追溯至 1767 年，在牧師奧圖賓（Philip William Otterbein, 1726～1813 年）和伯麥（Martin Boehm, 1725～1812 年）的帶領下逐漸建立。協基會的英文名字如果逐字翻譯就是「在基督裡合一的弟兄會」，由此也可見出該會的基本精神：在持守基督真理的原則下包容不同的信仰。

府）擔任教堂牧師，後來轉到安德森市，又轉到奧勒岡州的一個小鎮服務，1859 年回到哈茲維爾，就是在這一年，彌爾頓和蘇珊終於結婚，共組家庭。這時彌爾頓已經三十一歲，而蘇珊也已經二十八歲了。

彌爾頓與蘇珊兩人一共生育有七名子女*，有名的萊特兄弟——維爾伯和奧維爾分別是他們第三和第六個孩子。由於彌爾頓與蘇珊都喜歡閱讀，因此在他們家裡有兩個「圖書館」，一個是專門存放有關神學方面的書籍，另一個比較大，其中收藏了各種類別的書籍，這給萊特兄弟很大的影響*。

婚後，彌爾頓曾擔任哈茲維爾學院的教授，沒多久，他成為教會報紙的編輯，因此舉家搬遷到俄亥俄州的代頓。

1877 年，他被選任為監督，此後全家幾乎定居於此。後來因彌爾頓所屬的教會增建教堂，曾移居到愛荷華州一段時間。也就是在這個時候，彌爾頓送給萊特兄弟一件神祕的禮物，而這禮物激發了兄弟倆的好奇心，帶給兩人前所未有的歡愉，也在他們的心裡悄悄埋下

放大鏡

＊長子羅伊希林 (Reuchlin) 1861 年出生於印第安那州的費爾蒙特 (Fairmont)，次子羅倫 (Lorin) 1862 年出生於印第安那州的橋鎮，三子維爾伯 (Wilbur) 1867 年出生於印第安那州的米爾維爾 (Milliville)，第四與第五個孩子奧提斯 (Otis) 和艾達 (Ida) 是對雙胞胎，1870 年出生於俄亥俄州的代頓 (Dayton)，不過很快就夭折了，第六個孩子奧維爾 (Orville)、第七個孩子凱薩琳 (Katharine) 分別於 1871 年與 1874 年出生於俄亥俄州的代頓。

＊奧維爾回憶他的童年時，曾經說：「我們真夠幸運的了！能夠在充滿鼓勵孩子追逐知識的環境中成長，讓我們可以從事任何能夠激發我們的好奇心的研究。」

一顆種子。

你有沒有發現，因為彌爾頓的工作需要，萊特家必須時常遷移？在 1884 年定居代頓之前，他們總共搬過十二次家。而且彌爾頓還必須經常到處傳教、處理教會相關事宜，所以經常不在家，自然的，照顧家庭的重擔就落在母親的身上。

德國籍的蘇珊是一個能幹、賢慧的家庭主婦，具備勤儉、精明的美德。不僅如此，她很有機械概念、喜歡動手做些小東西，她的一雙巧手更是其他婦女所不及的。萊特兄弟對機械如此有興趣，想必有一部分是遺傳自母親吧！

在萊特兄弟父母親這兩張照片底下的桌子上，擺放的是萊特兄弟所開設的腳踏車店的照片。喔！對了，我還沒告訴你有關他們開設腳踏車店的事。不過，請你有些耐心，我等一下再告訴你。

萊特兄弟為了實現飛行的夢想開設腳踏車店以維持實驗所須的資金，而腳踏車也給萊特兄弟很多靈感。像是前頭我們提到的螺旋槳軸和腳踏車的骨架很相似，而連接引擎與螺旋槳的鏈條，更是與腳踏車雷同。

客廳中間這個是暖爐。你可以靠近一點，這兒很暖和的。因為小鷹鎮是個又荒蕪又多風的地方，氣溫多半很低，為了保暖，萊特兄弟買了這個汽油爐，並將它改裝成可以煮東西的爐子。

當然愛看書的他們一定會攜帶書本來這兒啦！你看這有個書架。我相信架上一定有莫洛德 1881 年出版的《空中的帝國》、山姆・蘭利 1891 年出版的《空氣動力實驗》，還有奧克塔夫・夏尼特 1894 年所寫的《飛行工具的進步》。這幾本書給了萊特兄弟很多的啟發。

我們往裡面走。這裡可以說是廚房，或是食物儲藏室。因為小鷹鎮地處偏僻，物資補給不易，因此你看到架上滿滿的食物都是萊特兄弟千里迢迢從代頓帶來的。

這樣講或許你不覺得有什麼難的，不過如果我告訴你從代頓要到小鷹鎮必須先搭火車到辛辛那提，再從辛辛那提轉搭夜車到維吉尼亞州，再搭船到諾福克，再搭火車到北加州的依麗莎白鎮，轉換小船才能抵達小鷹鎮。這樣一趟就要花掉三到四天的時間呢！現在你是不是更容易理解「誰知盤中飧，粒粒皆辛苦」的道理。

我們再往裡面走。屋子中間的這梯子通往閣樓，那是他們休息的地方。梯子後面的這空間應該是他們的工作坊，有許多輕便的木工工具，像是槌子、鑽子等。透過他們的巧手，這些工具都像是有了生命一般，創造出許多不凡的成就。

還有，你可不要忽視了牆上這張不起眼的包裝紙，這可是萊特兄弟的心血結晶呢！這包裝紙上畫的就是我們剛剛看到的飛行者一號的草圖。萊特兄弟通常沒有花很多時間繪製草圖，有時候甚至畫在沙地上，因為所有的想法都在他們的腦袋裡啦。

桌上這本子是……喔，是

奧維爾的日記。你看，他把今天試飛的狀況詳細的記下了。旁邊這張是奧維爾發給父親的電報，「一定會成功，不要說出去。」他們對飛行的實驗還是非常有信心呢！

5 歷史性的一刻

我們來聽聽他們兄弟倆在討論些什麼。

維爾伯在紙上算了又算，說：「依照計算，動力十分充足，應該不是問題。」

奧維爾也仔細的研究了飛機的架構，說：「飛機的機翼、升降舵、方向舵與引擎的連接也都一切正常，問題到底出在哪兒？」

維爾伯想了想，然後搔搔頭，有點不好意思的說：「或許是因為我的經驗不足，對這部機器不熟悉，起飛的時候拉升降舵操縱桿的時間點不正確，以致無法成功吧！」

奧維爾微笑著說：「沒關係！既然我們的飛機設計沒有

問題，那麼一定是我們經驗不足，只要再試幾次，一定可以成功把這玩意兒飛上去。＊」

看來他們並沒有因此而灰心喪志，反而更加積極的找出問題癥結。這很值得我們學習喔！

三天後，12月17日，萊特兄弟終於能夠再次試飛了。這次可輪到奧維爾擔任駕駛了。除了兄弟倆之外，這次還來了五位見證人。

和每一次的實驗一樣，萊特兄弟仔細的檢查每一個細節，確定一切就緒後，奧維爾走向飛行者一號，突然又停了

放大鏡

＊萊特兄弟在第一次試飛失敗後，發給家人的電報中提到這次實驗「只有部分成功」，引擎的「動力充足」，失敗的原因在於「對這機器的缺乏經驗所產生的微不足道的錯誤以及起飛的方法」，對於這架飛行者一號深具信心的說：「毫無疑問的，這機器可以在天空中美麗的飛行。」

下來，轉頭對大家說：「謝謝你們來當我們這次飛行測試的見證人。我相信這次一定會成功！這歷史性的一刻，一定要留下美麗的紀錄。丹尼斯，可以請你擔任攝影師嗎？」

丹尼斯拍著胸脯說：「沒問題，就交給我吧！」

丹尼斯接過照相機後，將照相機架設在軌道的斜後方，鏡頭對準飛機預定起飛的地方。

奧維爾就定位，維爾伯微笑著對奧維爾舉起大拇指，朝上比了比。發動引擎，引擎全力加速，轟轟巨響，告訴維爾伯可以放手了。

維爾伯雙手一鬆，螺旋槳快速轉動，掀起一陣沙塵。在黃沙中，飛機快速向前進，奧維爾在這時將操縱桿向後一帶，拉起升降舵，飛機起飛了！丹尼斯也在這瞬間按下快門，「轟」的留下一陣白煙。

飛機迎風而起，輕盈得像隻小鳥！

「成功了！成功了！」

「恭喜你們！這真是太棒了！」

飛機一會兒上、一會兒下的飛著。一、二、……、十一、十二。十二秒後，飛機落在三十六公尺遠的地方。

接下來萊特兄弟又進行了兩次實驗，接近十二點的時候由維爾伯進行當天最後一次的飛行測試。

飛機順利起飛了！就像先前幾次的測試一樣，飛機在開始的一百公尺上上下下不穩定的飛著，後來離地往前飛了將近兩百公尺之後，飛機似乎比

較受控制，接近三百公尺時，飛機又開始不穩定，沒多久就掉下來了。

奧維爾跑過來拉起了維爾伯，開心的說：「真是太棒了！」接著遞過手上的馬表，對維爾伯說：「你看，總共飛了五十九秒，創下紀錄了！」

維爾伯也很高興，說：「我就知道我們會大大的成功！不過……」維爾伯指了指飛機，說：「這升降舵摔壞了。」

「沒關係！我們仔細檢查一下，看看是不是還有其他的損傷。」奧維爾不改他的樂觀。

所幸，兩人仔細檢查飛機的狀況後發現，除了升降舵的支架外，其他部分沒有太大的損傷，只要修理一下，過兩、三天就可以再飛了。

這次，維爾伯創下了飛行

五十九秒、兩百六十公尺的紀錄，人類的交通歷史，也從此產生巨大的變革，進入嶄新的一頁。

看你興奮得臉都紅了！讓我們緩和一下心情，來看看萊特兄弟飛行夢想萌芽的開端吧！

飛行的種子

還記得我說的那個神祕的禮物嗎？就是在 1878 年，萊特全家又因為父親職務需要搬到愛荷華州的時候。這時，維爾伯十一歲、奧維爾七歲。

這一天，彌爾頓結束一次傳教任務後，回到家裡。萊特家的孩子們全都圍了上來，你一言、我一語的對父親訴說著這些日子以來的生活瑣事。

大哥羅伊希林向父親打小報告：「爸爸，奧維爾的學校老師一直向媽媽抱怨，他實在太調皮了。」

彌爾頓聽完，假裝板起臉問：「奧維爾，是這樣的嗎？」

奧維爾向大哥做了個鬼臉，解釋說：「爸爸，不是的。

是因為我的計算方式跟老師教的不一樣，他就說我錯了。可是我的答案是正確的啊！而且我想來想去，覺得我的方法比較好，就站起來反駁老師。我想就是因為這樣，老師才會向媽媽說我不乖。」

二哥羅倫也加入戰場，說：「不只如此吧！老師還抱怨你常捉弄其他同學呢！」

維爾伯袒護這個小弟說：「爸爸，我想是因為老師上課太無聊了，所以奧維爾才會不專心聽課。」

總算有人替他說話了，奧維爾對維爾伯感激的笑了笑。

這時，四歲的凱薩琳才不管誰調皮、誰不乖呢，她抬起頭看著父親，天真的問：「爸爸，這次回來，您帶給我們什麼禮物呢？」

彌爾頓彎腰抱起凱薩琳，莞爾的說：「凱薩琳乖不乖啊？乖的話，才有禮物喔！」

「乖！」

「嗯，很好！」接著彌爾頓對大家說：「從小，我一直教導你們要獨立思考，明辨是非，這是學習最重要的部分。知道嗎？」

男孩們都點點頭表示了解了。

彌爾頓轉頭對奧維爾說：「奧維爾，你能不盲從是件好事，但是也不該捉弄同學，你知道錯了嗎？」

奧維爾回答：「是，我知道錯了。我會改正的。」

彌爾頓摸了摸奧維爾的頭，放下凱薩琳後，便將禮物一一分送給孩子。

知子莫若父！彌爾頓送給

維爾伯和奧維爾的禮物，是一個用竹子、軟木和紙做成的玩具，形狀就像是竹蜻蜓，只不過上下都有葉片，用橡皮筋連結上下兩片葉片，利用橡皮筋的扭轉力量，提供動力，促使這個玩具向上飛。

收到這個禮物，兩人愛不釋手，兄弟倆簡直樂呆了！每天只要有空就會拿起這個玩具，扭緊橡皮筋，鬆手，讓上面的葉片快速旋轉，然後慢慢飛上去。

兄弟倆抬頭看著這個玩具緩緩往上飛，眼裡盡是光芒。為什麼它會飛呢？人是不是也可以飛呢？

這天，兄弟倆又玩著這個玩具，沒想到一個不小心，這玩具卻摔壞了。

「啊！壞掉了！」奧維爾懊

惱的說。

「沒關係！我想我們可以照樣做一個。你覺得呢？」維爾伯安慰弟弟。

奧維爾高興的抱著哥哥說：「維爾伯，你說的是真的嗎？我們真的可以自己做一個？」

維爾伯說：「當然是真的。經過這陣子的研究，我已經很清楚這個玩具的架構了，我想要再複製一個不是難事。我們來做一個比原本大的好不好？你願意幫我嗎？」

奧維爾不斷點頭。

維爾伯說：「好，那我們先找來竹子和木材，再向媽媽要些紙和橡皮筋。」

「嗯！」

材料都蒐集來了。維爾伯和奧維爾拿著小刀、剪刀削削剪剪，又糊又綁的，沒多久，一個全新玩具就完成了。

兩人迫不及待的進行他們的第一次飛行實驗。

「扭緊橡皮筋，鬆手！」維爾伯發號司令，奧維爾負責執行。

「起飛！」奧維爾手一鬆，他們製造的這個玩具順利飛起。「太棒了！維爾伯，你真是天才！」

蘇珊將這一切都看在眼裡，她知道這個玩具不僅是個玩具，也是顆飛行的種子，在不知不覺中已深深埋入兄弟倆的心中。

後來，萊特兄弟說就是這個玩具點燃了他們飛行興趣的火花。

你問我他們兄弟倆每天都在玩，有沒有上學？當然有啊！剛剛不是才看到奧維爾因為在學校太調皮而被父親訓了一頓嗎？

雖然彌爾頓沒有太責備奧維爾，但是奧維爾曾經在念小學的時候，因為太調皮而遭到學校退學呢。後來在結束了中等教育之後，奧維爾展開了他的印刷事業，這時大概是 1889 年。

至於維爾伯則是一路念到了高中。他不但會念書，還是個運動高手。但是在十八歲那年的冬天，他和他的朋友進行一場曲棍球比賽，沒想到意外就這樣發生了！維爾伯手持球棍一個箭步向前，攔截了對手的球，迅速轉身，突然，眼前一黑，頭疼欲裂。原來，對手想要來個抄截，卻不小心打到了維爾伯的臉，讓他受了傷。

雖然沒有造成嚴重的傷害，但是維爾伯因此被迫在家休養。

維爾伯受傷之後，像是變了一個人似的，不僅沉默寡言，對人生也沒有了野心，他還放棄進入耶魯大學就讀的機會。後來的幾年，維爾伯為了照顧患了肺結核*的母親，更是幾乎足不出戶，有空閒的時間，他就待在父親的圖書室裡廣泛的閱讀，吸取大量的知識，為日後發明飛機奠下堅實的基礎。

放大鏡

*肺結核　由結核桿菌所引起的一種疾病。染病後會有咳嗽、疲倦、食慾不佳等症狀。結核桿菌會進入人體的任何器官，但較常感染並破壞人體的肺部，因此肺結核的病例占大多數。結核桿菌多是透過飛沫傳染，若是開放性結核病病人具有高度傳染力，應接受隔離治療。早期以為染上結核病是因為營養不良或是過度勞累所造成的，而且沒有藥可以醫治。到了 1882 年首次發現結核桿菌的存在；1921 年時發明了卡介苗，可以用來預防肺結核。直到 1944 年發明的鏈黴素，才成為有效的抗結核藥物。

也差不多在這時候，萊特兄弟在自然而然的情況下，展開影響深遠的合作關係。

報社與萊特腳踏車公司

奧維爾從小就鬼靈精怪，這一天他突然興致沖沖的跑來找維爾伯。

「維爾伯，我想辦一份報紙，你來幫我好嗎？」

「辦報紙？」生性沉穩、思緒縝密的維爾伯立刻想到許多實際的問題，有點為難的說：「可是我們並沒有印刷機器，也沒有資金，恐怕……。」

「我們可以自己做啊！這樣就不用花費太多錢。你當編輯，我負責銷售，相信一定可行的。」

「這……，」維爾伯仍在猶豫。

「維爾伯，你看我們這一帶的報社發行的報紙，內容貧乏，用字鄙俗，實在稱不上好。如果我們可以辦一份品質、內容都好的報紙，不也是件好事嗎？再說，我已研究過印刷的原理，只要你肯幫我，我們一定可以自己做出一臺快速又好用的印刷機。」

維爾伯看奧維爾的眼中滿是肯定，於是點頭答應：「好吧！讓我們來試試。」

人家說：「兄弟齊心，其利斷金。」說得一點也沒錯。在萊特兄弟同心協力下，一份名為《西方報》的週報很快的就正式發行了。

由於維爾伯的文筆佳、報導的內容生動有趣，加上奧維爾的行銷有道，《西方報》的銷售量節節高升。

這真是令人高興！但是，萊特兄弟卻老是悶悶不樂的樣子。因為他們母親的病況似乎沒有好轉的跡象。

「醫生說媽媽需要多休息，最好能多接觸新鮮的空氣和充足的陽光。所以，我想……。」

奧維爾還沒說完，維爾伯就已經了解他的心意了。「我們不如在屋外釘個陽臺，讓媽媽可以在那兒曬曬太陽，呼吸新鮮的空氣。」

「這正是我的想法！」

萊特兄弟遺傳自母親的巧手，很快的就打造出一方溫暖的空間，讓蘇珊非常感動。但是，萊特兄弟的用心卻無法挽回母親每下愈況的病情。1889年7月4日，正當全美歡慶獨立之日時，蘇珊卻撒手人寰，留給萊特兄弟無限的哀傷。

在辦完母親的喪事後，萊

特兄弟收拾起悲傷的心情，更積極的投入報社事業，幾個月後，他們將週報改為每日發行的日報。在辦報期間，兄弟倆不但改良印刷機器，使印刷速度大增，還發明了自動摺報的機器，在軟硬體都不斷改進的情形下，他們的報紙事業蒸蒸日上。

到了 1892 年，奧維爾又有新的想法了！

「維爾伯，你看現在全國人都陷入腳踏車的風潮，我覺得經營腳踏車店會是個有前景的工作。」

「如果只單做腳踏車的零售，恐怕不是長遠之計，」維爾伯總是冷靜的思考事情的可行性，「或許……，我們應該加入腳踏車修理的服務。」

「你說得有理！」

於是，沒多久之後，代頓市就多了一家「萊特腳踏車公司」了。剛開始，他們只是買賣自行車，後來便開始自行研發製造，充分表現出他們的機械天分。

19世紀後半葉，可以說是知識爆炸、科學空前發展的年代。愛迪生發明了電燈、貝爾發明了電話……，更引起萊特兄弟注意的是一個叫奧圖・李里塔爾的德國人。

維爾伯特別注意有關李里塔爾的每一篇報導。李里塔爾被稱為「滑翔翼*之王」，已成功造出多種可載人的滑翔翼，更已做過無數次成功的滑

放大鏡

＊滑翔翼　指沒有動力裝置驅動的飛行器。後文為了有所區別，因此稱萊特兄弟所研發「可操控」的無動力飛行器為滑翔機，而有動力的飛行器為飛機。

行試驗。

「『發明一架飛行機器並沒有什麼了不起，如果能付諸實行建造一架，則是值得重視的事。但是能夠飛行代表一切。』李里塔爾說得真好。」維爾伯看著雜誌自言自語。「如果能夠飛行……，」他的眼裡突然閃過一道光芒，深埋心中的那顆種子慢慢冒出芽來。「如果能夠飛行……。」

飛行的前輩

1896 年有三件大事發生：史密松森研究所的祕書長塞繆爾・蘭利在華盛頓進行了無人駕駛的飛機模型的「動力」飛行試驗*；阿特克夫・夏尼特用方向舵和有活動關節的機翼來「操縱」滑翔翼；8 月，李里塔爾在一次滑翔試驗中，突然遭遇強風而墜落，當場身亡。李里塔爾的死，給萊特兄弟非常大的震撼，也是使他們飛行夢想發光發亮的導火線。

喔！你看出來我特別強調「動力」和「操縱」兩個重點

放大鏡

＊蘭利的飛機模型是以彈射為動力。他把模型飛機架在船上，利用彈射力量起飛，飛機飛行了大約半英里。但是因為沒有起落裝置，因此彈射後只能任其墜入水中。

了！這也是萊特兄弟特別注意的問題。

想飛，一直是人類的夢想，早在15世紀，義大利的全才藝術家達文西就對飛行非常著迷，從他留下的許多筆記與手稿中發現，達文西不僅曾設計過降落傘、撲翼，甚至是現代直升機構想的動力飛行器。

達文西的撲翼設計是源自於鳥類飛行的啟發。他曾仔細研究鳥類的翅膀，他以為鳥類之所以會飛，是因為不斷擺動翅膀，如果在人類手上也綁上一對像鳥一樣的翅膀，人類是不是就可以飛起來了呢？

達文西由研究鳥翼的經驗得知，鳥類翅膀的肌肉遠較人類發達，人類的手臂無法承受長時間揮動撲翼的運動，但因著他對飛行的熱忱，使他始終相信只要借助適當的輔助工具，就可以達到飛行的目的。

不過，我們現在知道：如果真照著達文西的設計製造撲翼機器，是飛不起來的。

但是，他有另一個可行的設計：利用螺旋原理設計的垂直起落飛行器，這可以說是直升機的鼻祖。在達文西的那個年代，還沒有先進的機器可以提供動力將飛行器和飛行員升起來，而人類的肌肉也不可能發達到可以作為旋轉動力，所以達文西的設計在當時並沒有辦法付諸實行。然而從他的筆記中不難發現他對飛行的熱愛程度，也可以見得他認真治學的態度。他可以說是以科學方式致力飛行研究的第一人。

從 15 世紀到 18 世紀後半葉，法國的蒙哥爾飛兄弟才成功的利用熱空氣比冷空氣輕的浮力效應原理，發明了可載人的熱氣球，人類飛行的夢想終獲實現。到了19世紀工業革命後，科學發展蓬勃，致力於飛行研究的人更是前仆後繼，其中以李里塔爾的貢獻最大。

李里塔爾是德國工程師，與達文西一樣，他也熱愛飛行。波茨坦工業大學畢業後，他進入一家公司擔任工程師，從中累積許多機械工程的實務經驗；後來進入皇家工業大學深造，畢業後先後在幾家公司擔任工程師，但是他對飛行的熱情並沒有因為工作而消減。

李里塔爾一直在研究鳥類飛行的祕密，他發現鳥類的翅膀並不是平的，而是前厚後薄的形狀，此外他也詳細的計算飛行時的升力、阻力，在1873

年時第一次公開發表他對鳥類飛行的研究，並將他的研究寫成《鳥類飛行是飛行的基礎》一書，於 1889 年出版。

僅是研究鳥類的飛行當然不能滿足他飛行的欲望，他在書裡宣稱他早在 1867 年就進行了他的第一次試驗了。這時候他才不過是個二十歲的小夥子呢！不過最為人所樂道的是 1891 年他進行的第一次載人的飛行，成功的迎風滑翔了將近二十八公尺，此後他更進行了兩千多次的成功飛行，各國的報紙、雜誌爭相報導這些成功的飛行經驗，並大幅刊登李里塔爾和他的滑翔翼的照片，肯定他的科學見解，認為是他讓飛行變成可能，而非空想。

李里塔爾是第一位重複成功滑翔飛行的人，最難能可貴的是他並不藏私，大方的將他實驗數據公諸於世，並於 1896 年出版，這成為後來研究者最有利的參考。

你問我他幾乎是冒著生命危險進行實驗，為什麼願意把這些寶貴的實驗數據告訴大家？我想除了是他個人的人格特質使然之外，也可能是因為他心存感恩。他之所以能成功也是站在飛行前輩的研究基礎上，尤其是英國的喬治・凱利*。李里塔爾是根據喬治設

放大鏡

*喬治・凱利 （George Cayley，1773～1857 年）被稱為英國航空之父。凱利藉由研究鳥類飛行及風箏試圖解開飛行的祕密。他發現鳥類揮動翅膀的時候，同時產生升力、推力與控制的能力，這樣複雜的機制從達文西到凱利的時代仍舊無法仿造，因此他指出人類無法模仿鳥類撲翼飛行，僅能模仿鳥類滑翔。他認為就像風箏一樣，必須用一傾斜平面抵抗阻力的方式來提供升力，以達到飛行的目的。凱利對飛行原理、升力、阻力等都進行了科學的實驗與研究，可以說是將飛行從冒險試驗提升到科學探索的科學家。

計的滑翔翼模型製造實體滑翔翼，並進行實驗，不斷改良，才能獲致傲人的成功。

你想看看李里塔爾的滑翔翼？沒問題！閉上眼……

我們來到柏林附近，現在被稱為「李里塔爾山」的一個山丘，李里塔爾正要進行他的滑翔測試。來，我們靠近一點看看滑翔翼的構造。這架滑翔翼是李里塔爾設計的十八種滑翔翼裡其中的一種，擁有雙層機翼和尾翼，主要以木材製作框架，在機翼上包覆塗了一層蠟的棉布。這個基本構造是不是和萊特兄弟的飛機很像呢？

李里塔爾從下層機翼的兩機翼間隙鑽過，頭、肩、手在機翼上，腰部以下在機翼下，像不像穿了一件大蓬裙？哈哈，不開玩笑了！雖然他已經擁有多次成功的滑翔經驗，但是每次的飛行還是潛藏著許多危險，絲毫輕忽不得。你看，站在山丘上的他，雙手緊握著框架，正蓄勢待發呢！

李里塔爾向前縱身一跳，滑翔翼迎風飛起。他將自己懸掛在機翼上，藉由移動身體重心來控制飛行，是不是有點像懸吊式滑翔翼？但是他一直沒辦法克服重心難以移動的問題。

你知道問題的癥結點在哪兒嗎？你想想懸吊式滑翔翼和李里塔爾的滑翔翼有什麼不同。沒錯，李里塔爾雖然是懸吊在機翼上，但是他必須利用他的肩膀固定住滑翔翼，雙手握住機翼下的框架，所以他只能擺動他腰部以下的身軀，而不像懸吊式滑翔翼，飛行員可

以擺動全身。

在李里塔爾研究滑翔翼的同時，美國也有不少致力於飛行研究的專家學者，其中蘭利和夏尼特便是其中的佼佼者。

蘭利於 1834 年出生於美國麻州，早年沒有受過高等教育，從波士頓拉丁學校畢業後，進入哈佛大學天文臺擔任助教。因為他個人的努力，發明了可以測量熱的精密儀器，對研究太陽輻射貢獻很大。1887 年成為史密松森研究所的祕書長，1890 年創辦了史密松森天體物理臺，主要從事天文學、天文物理學、地球科學等方面的研究與教學。從 90 年代開始，蘭利研究空氣動力學，試圖從鳥類的飛行中獲得啟發研製飛機，他的焦點鎖定在「動力」上。

夏尼特 1832 年出生於法國，六歲時來到美國，十七歲就當上了土木工程師，後來成為建造鐵路的工程師。第一座橫跨密西西比河的漢尼寶鐵橋就是他設計建造的。1875 年他受邀到歐洲時，第一次見識到飛行機器，進而產生興趣。在 1890 年他從工作崗位上退休後，便投入全部的時間、精力致力於飛行器的研究，並曾參與李里塔爾一連串的飛行研究與實驗。

好啦！我們再回到代頓的萊特腳踏車公司的小工作室吧！

萊特兄弟專注的盯著報上的一則報導，神情哀悽。據報載：1896 年 8 月 9 日，李里塔爾進行一次滑翔翼測試，一如往常，他縱身一躍而下，機翼乘風，將他帶往無垠的藍天，升起的不僅是滑翔翼，還有他滿腔的熱情和理想。這時突然刮起的一陣強風，霎時讓他失去平衡，從十七公尺的高空墜地，摔斷了脊椎。隔日，不幸身亡，讓人不勝唏噓。

維爾伯念著報上的文字：「最後，李里塔爾只留下了一句話：『小小的犧牲是必須的……。』」維爾伯的眼光從報上離開，然後慢慢抬起頭來，輕嘆一聲後喃喃的說：「他的犧牲怎能說『小』，他對人類飛行的貢獻實在太大了。」

奧維爾也難掩傷心的說：「他的殞落是人類的一大損失啊！」說完，兄弟倆心情沉重的對坐，默默無語。

可以看出這件事對萊特兄弟的影響很大，在他們最崇拜的飛行前輩過世後，總該有人繼續完成他的飛行事業才是啊！那會是誰呢？維爾伯在心裡悄悄的下了一個決定。

成功之母

自從李里塔爾過世後，維爾伯變得更沉默寡言了。奧維爾常常看到他若有所思的一邊工作，一邊喃喃自語。有時候像是想不透什麼似的，停下手邊的工作搔搔頭；有時候又像是得到什麼禮物般，開心的笑了。

這一天奧維爾終於忍不住問維爾伯：「維爾伯，我看你最近工作常常心不在焉的，你腦袋裡是不是有什麼有趣的想法呢？可以和我分享嗎？」

維爾伯不好意思的笑了，回答說：「我…… 我有個想法…… 或許你會笑我太自大了，但是…… 我想…… 我想繼續李里塔爾的研究，我想製造可以

讓人類自由翱翔的飛行器。」＊

奧維爾的臉上綻放出從未有過的光芒，開心的說：「你說的是真的嗎？我也有相同的想法。太好了！」

「只是……」維爾伯說：「我還有很多地方想不透。李里塔爾之所以墜機，是因為遭遇強風，滑翔翼失去控制……那，要怎麼才能好好的控制滑翔翼呢？」

奧維爾靈光一現的說：「夏尼特先生曾和李里塔爾先生共事，他一定擁有許多寶貴的研究經驗，不如我們寫信向他請教，同時我們也可以試著製作一架，實際測試。你覺得呢？」

放大鏡

＊維爾伯開始有設計飛機的構想，在 1899～1900 年間研究設計了飛行的機器，他稱為「我」的機器、「我」的計畫，後來奧維爾也投入其中，維爾伯才改稱為「我們」的機器、「我們」的計畫。

「你的建議很不錯！」維爾伯終於一掃陰霾，「好！我們兄弟倆攜手，一定可以解決問題的。我來寫信給夏尼特先生，你去把相關的資料通通找出來，我記得夏尼特先生的《飛行工具的進步》好像在書架最上層，那本書對我們的研究一定很有幫助。」

維爾伯忽然想到什麼，高昂的情緒忽然冷卻，「可是，父親……他……會同意我們這樣做嗎？」

奧維爾正在興頭上，不假思索的回答：「他一定會支持我們的。晚上再和他討論吧！」

萊特兄弟與父親約法三章後，便像重獲新生般的忙碌了起來。

在與夏尼特先生的書信往來中，萊特兄弟獲得許多寶貴的知識，對日後的研究有非常大的助力。

由於李里塔爾的意外，萊特兄弟覺得「控制」才是成功飛行的關鍵。維爾伯曾觀察鳥類，發現鳥類要轉彎時會改變翅膀末端的角度，這是不是就是操控的關鍵呢？如果機翼可以扭轉角度，是不是就可以像鳥兒一樣自由轉彎、傾斜了呢？又要如何將這樣的想法付諸實行？這些問題讓他非常困擾。

你看，維爾伯又呆坐在腳踏車店後的工作室裡了。他手裡雖然拿著腳踏車內胎的盒子，腦子裡卻一直想著如何讓滑翔翼轉彎。他無意識的轉著內胎的盒子，突然，一道靈光乍現，他高興的跳了起來，大叫：「奧維爾，快來，我想到讓滑翔翼轉彎的方法了。」

奧維爾急忙跑進來，「維爾伯，你說的是真的嗎？是什麼辦法？快告訴我。」

維爾伯眼中閃爍著光芒，聲音高亢的說：「你看，」他將手中的盒子左上右下的扭轉，「如果我們的機翼可以像這盒子一樣扭轉，機翼翹起的一端會產生較大的升力，另一端相對產生的升力較小，這樣的話，機翼就會朝著升力較小的一端傾斜，只要機身傾斜，滑翔翼勢必會朝著機翼較低的方向轉彎了。」

奧維爾想了想，說：「維爾伯，我覺得你說得很有道理。」

維爾伯立刻拿來紙筆，在上面畫了又畫，和奧維爾討論後，又修修改改。接下來好長的一段時間裡，兩人幾乎全心投入滑翔翼的研發工作中。終於兩人畫出了滿意的設計圖，接著就開始又裁又磨、又敲又打、又剪又縫的，在 1899 年他們打造出一個翼展 1.5 公尺的雙翼飛行器，這個飛行器有四條控制線，兩兩交叉的連接在控制的木棒上。看起來是不是很像技術風箏呢？

他們兄弟倆迫不及待的進行測試。在一個多風的日子，奧維爾雙手握著控制棒，維爾伯固定翼面迎著風，就像放風箏一樣。準備就緒，維爾伯雙手一鬆，雙翼順利迎風飛起，奧維爾左上右下、左下右上的扭轉機翼，機翼果然如他們所願的左右旋轉。真是太成功了！雖然這副機翼不夠大，沒辦法承載一個人，但是強風吹起時，雙翼上升的力量，幾乎

要把他們兄弟倆拉離地面了。

這次成功的試驗，大大增強了萊特兄弟的信心，他們決定要造一架大尺寸的滑翔翼。他們以夏尼特所設計的滑翔翼為基礎，採用李里塔爾研究公布的數據，在機翼前方設計了一對平行的升降舵，可以增加滑翔翼縱軸上的控制能力，他們認為這樣的設計可以避免像李里塔爾的滑翔翼那樣不受控制的向前俯衝而墜毀。

花了將近一年的時間，在 1900 年萊特兄弟終於完成了這架翼展達 5.3 公尺的滑翔機。但是，要在哪兒試驗這玩意兒呢？那個地方一定要有強勁的風，這樣滑翔機才飛得起來，而且最好是沙地，這樣滑翔機墜落時才不會有太大的損傷。

他們想來想去，代頓實在

不是一個適合的地方。於是，他們寫信給美國氣象局，希望他們幫忙找一個多風的地方，最後他們選定了小鷹鎮。就是我們一開始去的地方，我想你一定對那裡的風沙印象深刻。

萊特兄弟千里迢迢的來到小鷹鎮，準備試驗他們的滑翔機。這裡的風就像是不會停止般的呼呼狂吹，兄弟倆不得不拉緊帽子，低著頭前進。他們在強勁的風沙中艱難的步行了六公里，來到小鷹鎮南邊的除魔丘，後來他們在這裡造了宿舍，幾乎每年都會來這兒住上一段時間，進行他們的測試工作。

這片空曠的軟沙外岸區，實在太理想了！

顧不得身體上的勞累，萊特兄弟立刻小心翼翼的組裝滑翔機的各個部分。基本架構和我們在 1903 年看到的飛機架構差不多，但是這架滑翔機並沒有動力引擎和螺旋槳，而且他們也沒有親自上陣試飛，而是利用沙袋模擬駕駛的重量，用繩索牽引測試。沒錯，還是像放風箏一樣。

雖然這架滑翔機升力沒有預期中的好，但是兄弟倆非常高興，因為升降舵產生作用，滑翔機沒有不受控制的向前俯衝，最重要的是兄弟倆都沒有受傷。他們又朝著飛行的夢想邁進了一步！

但是這次的實驗沒辦法真正測試扭轉機翼對控制滑翔機是否真的有用，除非……親身試飛。若要能載人，就得提升滑翔機的升力，這樣他們就得要製造更大的滑翔機。

他們又風塵僕僕的回到代頓，打造了一架更大的滑翔機。1901 年他們又回到除魔丘進行測試。當他們扭轉機翼時，卻發現滑翔機沒有朝著他們預期的方向轉彎，反而朝著反方向轉向＊。這是怎麼一回事呢？

這次測試的結果，讓他們非常失望。在回代頓的路上，維爾伯對奧維爾說：「人類飛行的夢想一定會成真，或許我有生之年是看不到了！」

奧維爾說：「如果我們的數

放大鏡

＊萊特兄弟沒有想到升力增加的翼面同時阻力也會增加，阻力會將雙翼往後拉，結果滑翔機便朝著反方向轉向。你一定覺得很奇怪，為什麼萊特兄弟利用雙翼飛行器實驗時不會有這樣的問題呢？那是因為雙翼飛行器的重量輕，如果要讓雙翼轉彎，兩側所需升力差不用太大，所以產生的阻力差就不大。然而滑翔機重量比雙翼飛行器重上好多好多倍，要產生讓滑翔機傾斜的升力差就要比較大，同時產生的阻力差也就大到足以將滑翔機往反方向拉過去啦！

據都是對的，照樣設計出來的滑翔機應該沒有問題，會不會是李里塔爾先生的實驗數據不對呢？」

維爾伯說：「你說的對，或許我們該依據自己的實驗紀錄進行研究，不能完全依賴前人的數據。」

回到代頓，他們針對過去一年來的實驗數據進行分析，並比對李里塔爾等人的實驗結果，重新設計、改良他們的滑翔機。但是因為經費有限，無法製造這麼多全尺寸的滑翔機來進行測試，所以他們就地取材，利用腳踏車進行測試。

首先他們將一個輪子橫向的架設在腳踏車的把手上，但輪子可自由轉動。

來，你試著坐上腳踏車。現在在橫向輪子上左右兩側都

有支架，在你右手邊的支架上豎立一片平板，左手邊的支架上豎立著機翼模型。當腳踏車向前進時，平板與機翼模型同時受風，當平板的阻力大於機翼模型產生的阻力時，輪子便會順時針旋轉，相反的話，輪子就會逆時針旋轉。

看到你正前方的支架了嗎？如果將機翼模型豎立在與平板成九十度的支架上時，就能測試出機翼模型的升力了。若機翼模型產生的升力大於平板的阻力時，輪子便會逆時針旋轉。

有了這個簡單的實驗「設備」，他們便可以製作不同形狀與大小的機翼模型來進行測試，以獲得最佳的機翼曲度與大小了。

經過一連串的試驗後，他

們發現外界變動的因素太多，恐怕會影響數據的正確性，因此萊特兄弟用四片木板釘成一個方形的箱狀空心管，在一端加上一組風扇，裡面有一個像天秤一樣的裝置，成為一組風洞實驗機。

有了這樣的實驗設備，萊特兄弟就可以進行不同大小及形狀的機翼測試，不僅省時省錢，還可以獲得更多的數據，就能製造產生最佳升力的全尺寸機翼。在整個測試過程中，他們曾製造兩百種不同形狀、大小的機翼模型在風洞中進行測試呢！

獲得最佳升力的機翼後，另外還有一個問題要解決，那就是滑翔機轉彎的問題。經過仔細的計算後，他們在滑翔機後面加上一雙平行的、固定的

垂直方向舵，增加滑翔機重心後半部的側向受風面積＊，讓滑翔機克服反向轉向的問題，而朝著預期的方向飛行。

當然，滑翔機製造完成後，他們又不辭辛勞的到除魔丘進行實驗，來，我們也跟去看看吧！

他們每次都是這樣謹慎小心的檢查滑翔機的每個部位，我們耐心等一下吧！終於，他們將滑翔機安置好了，維爾伯準備親自試驗。他趴上鞍座，前後搖動升降舵的操縱桿，並移動身體測試機翼扭曲作用是否正常？奧維爾拿著風速計測量風速，他豎起大拇指，表示

放大鏡

＊這裡所謂的受風面積的風，不是大自然中因兩地大氣壓力不同所產生的空氣流動，而是指相對於機翼上所流過的氣流。

目前正是最佳風速。在助手的協助下，滑翔機便迎風起飛了！

待滑翔機穩定的飛行後，維爾伯移動身體牽引鋼索扭轉機翼，滑翔機傾斜了！方向舵產生作用了！你看，滑翔機轉彎了！但是……滑翔機怎麼朝著同一個方向一直轉圈，轉圈，轉圈，最後墜地了？

你問我奧維爾手上拿了那麼多東西，究竟是什麼？喔！他手上拿了馬表、測傾儀、捲尺。馬表是為了要計算飛行的時間，每次飛行都必須以秒精確的計時；測傾儀是要來測量滑翔機爬升或下降時的傾斜角度；捲尺當然就是要量量滑翔機飛行的距離啊！這些東西可是一樣都不能少呢！

啊！差點忘了，還有一樣

重要的工具，就是風速計。顧名思義，風速計就是測量風速的儀器。

你又問我為什麼滑翔機會一直旋轉？其實說穿了，滑翔機會這樣「掘井」*都是因為滑翔機後方加上的是「固定」的方向舵，也就是不能透過操控改變方向舵的角度，使得滑翔機一直保持在轉彎的狀態，甚至因為機翼外側的速度持續比機翼內側的速度高，讓機翼外側產生更大的升力*，造成滑翔機更加傾斜，所以滑翔機只能朝同方向不斷的旋轉。如果可以改變方向舵的角度，就可以將方向舵朝反方向轉，以改變滑翔機重心後方的側向阻力，平衡滑翔機。

為了解決這個問題，萊特兄弟又設計出單片可動的垂直方向舵和雙片可動的垂直方向舵進行測試。這些實驗也都是在除魔丘進行的。

你還想去看看？你不怕那兒冷冽的寒風和怎麼趕也趕不走的蚊子？不怕？我想你一定也很熱愛飛行。既然你不在意，那咱們就走吧！

今天是個多風的天氣，很適合飛行。你看，萊特兄弟正謹慎的將滑翔機拖出倉庫。他

放大鏡

＊他們戲稱滑翔機轉彎角度無法改變，導致滑翔機一直轉圈直至墜落的情形為「掘井」(well digging)。

＊在這裡要介紹一個升力公式：$L = k \times S \times V^2 \times C_L$，其中 L 代表升力，k 表示空氣升力係數，S 是翼面積，V 代表速度，C_L 是升力係數。由升力公式可以發現速度增加，升力會因此增加。空氣升力係數會隨著空氣密度而改變，密度大則空氣升力係數大。空氣密度又會因大氣環境中的壓力、溫度和高度而不同，在壓力大、溫度低或高度低的條件下，都會使空氣密度增大。升力係數會隨著機翼的形狀、弦展比和攻角而改變。弦展比就是機翼長與寬的比例（就是長 ÷ 寬）；攻角則是相對氣流流過機翼的角度。

們不僅增加後方雙片平行的方向舵，舵片還能左右擺動。為了要降低阻力，駕駛必須趴在下層機翼的中間，藉由移動身體來扭轉機翼並帶動方向舵。

起飛了！你看到了嗎？維爾伯移動他的身體的同時，帶動機翼扭轉，方向舵同時左右擺動，滑翔機轉彎了！啊！成功了！太成功了！

對不起，我太激動了。我看你也熱血澎湃的為他們歡呼，想必你也會像萊特兄弟一樣，不滿足於單靠風力飛行吧！

維爾伯果然是思慮縝密的人，他馬上收拾起歡愉的情緒，對奧維爾說：「我們雖然可以成功的控制滑翔機了，但是現在我們都必須依靠風力才能飛行，要是在無風的日子呢？

豈不是……不，我們得研究本身具有動力的飛機。」

只見奧維爾點頭如搗蒜，表示贊同。他們立刻進行更嚴密的風洞測試，計算出可以推動飛機前進的動力引擎馬力，以及飛機能承載的重量，並設計出一對前所未有的螺旋槳*。

接下來就是 1903 年萊特兄弟進行的動力飛行測試，你也已經見識過了。

現代科學之父牛頓曾說過他是站在巨人的肩膀上，所以

放大鏡

*根據維爾伯 1903 年的紀錄，他們所製造的原型螺旋槳的效能可達到 66%。後來，科學家依照萊特兄弟的原型再造的螺旋槳，在現代的風洞中進行測試，並模擬 1903 年萊特兄弟第一次飛行時的條件，發現這螺旋槳的效能可達到 70% 以上，最高可達到 82%，就算以現在的科技來製作的飛機螺旋槳，可達到的最高效能不過到達 85%。依萊特兄弟當時的科技條件，甚至是無師自通，就能製作出這樣高效能的螺旋槳，你是不是很佩服他們呢？

才能看得更遠。萊特兄弟也不例外，雖然兄弟倆沒有受過高等教育，但是他們研讀所有與飛行有關的書、雜誌、報告，讓他們得以站在飛行前輩的肩膀上，看得更遠，再加上自身的努力，才有今日不凡的成就。

在我們享受先進科技帶來的便利的同時，你一定要心存感激，因為這是多少人的心血累積出來的成果。當然你更可以在這些前輩的基礎上努力，成為後世眼中的巨人！

10 祕密的實驗

在1903年，動力飛機首次飛行成功後，迎接萊特兄弟的不是鮮花掌聲，而是各界的質疑。因為他們作風低調，不接受新聞記者的採訪，也不公開展示飛行的實驗，只是默默的工作。

有一次，有個記者好不容易找到了他們兄弟倆，要求他們拍個照，好讓他們登上報紙版面，順便為他們宣傳這新式的機器。這可說是個成名的大好機會，但是奧維爾謝絕了那名記者，他說：「為什麼要讓那麼多人知道我們倆的樣貌呢？」

記者沒趣的走向維爾伯，想請他發表意見時，維爾伯不但沒有炫耀他們的成就，反而低調的說：「記者先生，你知道嗎？鸚鵡可以叫得呱呱響，但是牠卻不能飛得很高。」記者只好悻悻然的離開了。

當時還有更多的媒體對他們兄弟倆的飛行試驗抱持懷疑的態度：「老實說，根本沒有人相信。」

1904 年《科學美國人》雜誌抱怨：「測試仍然保持高度祕密，只有極少人親眼目睹過程。」在另一篇文章中，也有記者冷嘲熱諷的寫道：「看來，這些傳聞中的實驗……，一向機靈的美國新聞界，竟然就讓這項驚天動地的表演逃過他們的視線。」

法國人則說萊特兄弟在吹牛皮，一家德國航空學期刊稱他們的飛行是「美國人在吹牛」。

儘管如此，萊特兄弟仍不在乎外界的聲音。在成功測試動力飛機後，他們回到代頓，結束了腳踏車店的營業，專心投入製造可以販賣的「真」飛機。這個決定可以說是非常冒險，因為他們並不富有，也不像蘭利等人得到政府的資金挹注＊，腳踏車店的收入是他們賴以維生的經濟來源，現在結束腳踏車店的營業，也等於是

放大鏡

＊蘭利曾獲得美軍五萬美金的挹注，進行動力飛機的研究。1902 年，蘭利知道萊特兄弟也在進行飛機的飛行實驗時，曾試圖會見他們，但被萊特兄弟拒絕了。1903 年，蘭利製造出全尺寸載人的飛機，但他低估了模型機放大尺寸後的結構、材料強度、重量、穩定性等問題。1903 年 10 月 7 日蘭利的飛機首飛失敗，連人帶機墜入河中，所幸人機安全。蘭利事後將這次失敗歸咎於彈射器設計不當。在萊特兄弟動力飛機成功首飛的前 9 天，也就是 1903 年 12 月 8 日，蘭利又連人帶機的摔入水中，造成飛機結構嚴重受損。這兩次的失敗讓蘭利蒙受許多批評，直到蘭利去世為止，仍無法完成擁有動力、可以載人的飛機。

完全斷了收入。如果飛機的研發可以順利進行也就罷了，如果不順利呢？勢必就要喝西北風了。可見他們下了多大的決心，更可見他們對未來發展飛機事業深具信心。但也因此他們更祕密的進行所有的實驗，深怕別人偷偷學走了他們辛苦研究的成果。

在代頓北邊十三公里遠的地方，有一片霍夫曼大草原，原是屬於一位銀行總裁托倫斯・霍夫曼先生所有的牧場，但是霍夫曼先生免費借給萊特兄弟使用。兄弟倆在這兒建造一座飛機場，進行飛行實驗。

在這片大草原上，他們進行了一次又一次的飛行測試。後來，在一次試驗中飛行者一號遭遇強風吹襲，翻了個大跟斗，因此受損嚴重，再也不能飛了。這架翻新歷史新頁的飛行者一號，就此「壽終正寢」。

你問我萊特兄弟會不會傷心？其實，沒有文獻記載，不過，我想傷心一定是難免的，但是感激的情緒一定很快就撫平傷痛，畢竟它已盡責完成它的任務了，不是嗎？我之所以會這樣想，是因為在 1904 年，萊特兄弟很快的就完成了「飛行者二號」。

萊特兄弟準備駕駛飛行者二號進行第一次試飛時，特地邀請當地的媒體記者前來觀摩。但是試飛當天因為引擎和風力不足的問題，飛機並沒有如願飛上天，所以也沒有留下任何一張照片。後來有學者認為，當天是萊特兄弟故意讓飛機飛不起來，好讓媒體記者不要再把焦點放在他們的身上。

當然我們無法證實這是真是假，但至少當地媒體因此幾乎有一年半的時間，都不再關心他們兄弟倆的實驗。萊特兄弟不但沒有因為失去鎂光燈而失落，反而非常高興可以遠離記者的騷擾，更重要的是可以避免競爭者偷學他們的技術。

1904 年到 1905 年，兄弟倆只留下幾張飛行的照片。只有一個養蜂人將他目睹萊特兄弟飛行的經歷寫成一篇文章，投稿到《科學美國人》雜誌，但是雜誌社的編輯認為他寫的東西太過荒誕不經，所以並沒有採用這篇文章，退回了這份稿子，最後這篇文章在《養蜂人》雜誌中登出，成為萊特兄弟自 1904 年後飛行的唯一一篇報導。直到 1906 年，法國巴黎的一份雜誌還以「飛行員還是騙子？」為標題，質疑萊特兄弟成功飛行的真實性。

霍夫曼大草原雖然是個不錯的試飛地點，但是因為代頓這一帶的風力比小鷹鎮除魔丘的風力小很多，所以他們起飛時必須使用更長的軌道，而春天和夏天時降落很困難，常常造成飛機機身損壞，他們兄弟倆也撞得這裡青一塊、那裡紫一塊的。

為了解決起飛時動力不足的問題，他們利用彈射器＊讓飛機更容易起飛。

放大鏡

＊萊特兄弟為了解決風力不足的問題，設計出一套包含一座高塔、八百公斤的重錘、滑輪和軌道的發射系統。在每次飛行之前，會有一群自願者拉著粗繩，將重錘拉到高塔頂端，然後再將粗繩鉤在飛機上。重錘往下掉會牽動繩索，拉著飛機沿軌道前進。至於要將重錘向下的垂直力改成促使飛機前進的水平力，只要利用滑輪就可以輕易辦到了。

1904 年 9 月 20 日，維爾伯作了史上第一次完美的轉圈，飛機離地飛行的時間更長達一分半鐘。雖然大有進展，但是控制上還是時常發生問題，所以他們在 1905 年時將飛行者二號拆解，大肆改造，但保留了引擎，建成「飛行者三號」。

飛行者三號與飛行者二號最大的不同是：萊特兄弟將方向舵的控制與機翼扭轉的控制分開，不像從前一樣靠連接鞍座的鋼索同時控制機翼扭轉與改變方向舵角度。至此飛機的三軸控制——俯仰、水平旋轉、左右傾斜可以個別控制了。

但是這架飛機的測試並不成功，每次飛行的時間都不超過十秒。直到奧維爾在一次飛行時墜機，迫使萊特兄弟對飛行者三號進行徹底重建。他們加大升降舵與方向舵的面積，並且把它們放在離機翼更遠的位置。

這個改變大大的改進了飛機的穩定性和操控性能，因此他們創下了一連串的飛行新紀錄。

最長的一次是在 1905 年 10 月 5 日，由維爾伯駕駛飛行了三十八分鐘，後來是因為引擎的燃料用完了，迫使他不得不停下來，最後平安降落，創下了飛行 39.4 公里的新紀錄。他們終於實現目標，創造出有實際效益、可以販賣的飛機了。

這次飛行的見證者包括他們的父親與幾個朋友。隔天有記者聞風來到霍夫曼大草原，請求他們再次示範飛行，但是被他們拒絕了。

你問我為什麼他們不願意接受記者的訪問，用成功的飛行來澄清他們的名聲？還可以利用上媒體的機會，大大出名，對賣飛機也大有幫助。你說得沒錯，但是聲名對他們來說一點也不重要，他們製作飛機，並不是為了出名，而是想要實現一個飛行的夢想。另外，也可能是他們低調的個性使然，更重要的是他們要避免同時研發飛機的同行偷了他們的技術啊！雖然因此少了些宣傳的效果，但是反面想想，這樣也讓他們能更專注在飛機的設計研發上。這樣祕密的實驗了幾年，最後為了賣飛機，他們還是得公開的進行展示了。

11 公開展示賣飛機

萊特兄弟天真的以為只要是真材實料，哪怕買家不肯掏出腰包！他們開始四處尋訪買家，對象包括美國軍方、法國人、英國人以及德國人等。

萊特兄弟雖然是成功的發明家，但是卻是失敗的生意人，原因是他們拒絕在買賣雙方簽下合約之前公開飛行。

當然，買家退縮了！因為誰會在還無法確認這麼新奇的發明會不會飛之前，就貿然的簽下合約呢？尤其是美國軍方在不久前才資助蘭利五萬美元，讓他研發全尺寸載人的軍用飛機，卻只見到兩次連機帶人墜入河中的失敗經驗，他們實在不想再把錢往水裡丟。蘭利都沒辦法成功了，更何況是兩個默默無聞的腳踏車製造商？沒有人願意冒險！

可以想見的是，他們的生意很不好。正當他們前途黯淡無光之時，卻見到他們的競爭對手葛蘭・寇帝斯前景一片光明，甚至後來引發了一場「戰爭」，紛紛擾擾的糾纏了好多年。這是後話，我等會兒再告訴你。現在，我們先來看看他們是怎麼公開展示飛機的。

或許是萊特兄弟的誠意感動了買家吧！後來，他們終於與美國軍方及法國的一家公司簽下合約了。兄弟倆喜出望外的返回小鷹鎮，立刻著手改裝飛行者三號，加裝了一個乘客座，並將駕駛鞍座改為名副其實的駕駛座，也就是駕駛由趴臥操控飛機的姿勢改為坐姿。

這架飛機後來被稱為「萊特A式」飛機，與後來萊特兄弟改造的「萊特B式」飛機做區別，雖然萊特兄弟從沒有命名所謂的A式飛機，但為了方便稱呼，大家也就沿用這個名稱了。

為什麼要增加乘客座？因為買家實在不放心，深怕花了大把的銀子買回了一堆的廢木材，所以他們要求萊特兄弟進行飛機測試時，搭載一名觀察員。為了達成客戶的要求，萊特兄弟當然得盡力改造飛行者三號，以符合要求囉！在利用沙包測試成功後，他們的助手查理成為第一位乘客*，試飛

放大鏡

*你會不會覺得好奇，為什麼第一位乘客是他們的助手，而不是奧維爾或是維爾伯呢？答案就在第 13 章。不過，你先別偷看，花點時間想想吧！

過程相當順利，接下來便要在客戶面前大展身手了！

萊特兄弟兵分兩路，維爾伯搭船到歐洲，奧維爾則留在美國，「飛」到華盛頓附近進行公開飛行展示。

維爾伯到了法國後，在1908年8月8日展開第一次的公開飛行，雖只飛了一分四十五秒，但是他完成了一次完美的轉彎，展現出飛機的高度操控性，以及他出眾的駕駛技術，讓在場的人大大吃驚，其中還包含一些歐洲的飛機製造者。其實直到維爾伯前往歐洲展示飛機時，法國報紙還輕蔑的稱他為「騙子」。

接下來幾天，維爾伯進行一連串的公開飛行，挑戰飛機的極限，還做出8字形飛行，在在展現出他超眾的飛行員技巧，以及萊特兄弟飛機的絕佳操控性。這已經遠遠超出當時其他的飛行先驅了！在法國，萊特兄弟一夕之間暴紅，成為家喻戶曉的名人。

後來許多質疑萊特兄弟的人都出面道歉，一家法國雜誌的編輯寫道：「這次飛行已經完全粉碎所有疑慮，先前批評的人沒有再敢質疑的，……萊特兄弟是最早真正可以飛行的人……」；另一家雜誌寫道：「長久以來，歐洲各界稱萊特兄弟為騙子……到今日，他們在法國是如此神聖，我覺得非常的高興……並向他們賠罪。」

歐洲的媒體有勇於認錯的精神，很值得學習。當然他們不該在還沒查證事情的真實性之前，就先批評萊特兄弟啦！另外，這件事也讓我們了解到事實勝於雄辯的道理。

1908 年 10 月 7 日，維爾伯駕駛萊特 A 式飛機，搭載了世界第一位女性乘客。她是萊特兄弟在歐洲生意的經紀人的老婆。由於當時婦女流行穿著長裙，所以她坐上飛機後，必須用細繩把長裙綁起來，以免失禮。除了她之外，後來陸續有許多人接受邀請，搭乘飛機享受遨遊天際的樂趣。

在法國的公開展示可以說是非常成功，至於在美國的飛行展示又是如何呢？

奧維爾當然不會讓哥哥專美於前，他在美國華盛頓進行的公開展示也相當成功。後來自 1908 年 9 月 3 日起，奧維爾便在維吉尼亞州為美軍進行飛行測試，在 9 月 9 日更創下飛行六十二分十五秒的紀錄。

但是，八天後，卻發生了一場訓練意外。

這一天，天氣很好，風況也佳。奧維爾搭載軍方觀察員湯瑪斯・艾福瑞奇中尉進行飛行測試，並教授他飛行技巧。剛開始，飛機順利升空，在無垠的藍天中迎風展翅，優雅而愉悅的滑過，突然，奧維爾感受到不尋常的震動，接著發現後方的螺旋槳發生問題，奧維爾立即關掉引擎，停止螺旋槳的運動，並試圖降落，但是，飛機開始搖晃，緊接著便失去控制，整架飛機俯衝墜地。

奧維爾摔斷了四根肋骨和他的左腿，但艾福瑞奇中尉卻不幸殉職。這可算是世界第一場空難！空難調查的結果是：因為飛機後方其中一具螺旋槳壞掉了，因此產生震動和搖

晃，這震動使螺旋槳轉軸鬆弛，造成螺旋槳葉片割斷方向舵的鋼纜，鬆脫纜線的尾端於是纏住螺旋槳葉片，並把螺旋槳完全扯開，飛機因此失去控制。

奧維爾雖然幸運生還，但是也受到重傷，必須住院治療。得知這個壞消息之後，他們的妹妹凱薩琳專程從代頓趕到華盛頓，照顧受傷的奧維爾好幾個星期的時間。在照顧哥哥之餘，她還幫忙協調與美國軍方的合約，約定等奧維爾復原後，隔年進行測試，自此凱薩琳也成為萊特兄弟發展飛機事業的得力助手。

對萊特兄弟來說，這次的空難事件讓他們遭受前所未有的挫折，但是這小小的失敗，怎會讓他們退卻呢？有一個朋友知道奧維爾受傷了，特地到醫院看望他，擔心的問他說：「你有沒有傷到神經？」

奧維爾有點迷糊了，他問朋友說：「神經？你的意思是……我此後會不會怕飛行？」他微笑搖搖頭，接著說：「我唯一擔心的是我沒辦法很快的好起來，以致無法進行明年的飛行測試。」

奧維爾受傷的消息，過了一陣子才傳到維爾伯的耳裡，人在歐洲推銷自製飛機的他非常緊張，原本打算立即返回美國，但知道奧維爾傷勢穩定，並且有凱薩琳細心照顧後，他靜下心來仔細思考：「這次失敗使大眾對我們飛機的安全性產生很大的懷疑，現在我更應該留在歐洲繼續我的公開飛行活動，用行動證明我們的飛機不僅操控性佳，也很安全！」

維爾伯下定決心後，就更努力的展示他的飛行技術與飛機的性能，在當地爭取到更多的訂單。

次年，在奧維爾傷勢好轉後，便由凱薩琳陪伴，一同到法國與維爾伯碰面。這時三人已成為全歐最風雲的人物了！他們每到一處，大眾爭相目睹，只要有公開飛行展示，會場一定擠滿各階級、各國籍的參觀者，就連英國、西班牙和義大利的國王都專程來看維爾伯的飛行表演。

除了飛行表演，在法國，還有很多政府官員、軍官等都成為座上賓，與維爾伯一同遨遊天際，眾多的乘客中最特別的人就是凱薩琳。

4 月時，他們轉到義大利

推銷他們的飛機，後來如願簽下合約，因此開始在義大利進行公開示範，也協助訓練飛行員。

在結束歐洲飛行展示活動之後，他們三人回到美國，不久便受邀到白宮，並獲贈勳章。同年，他們創立萊特飛機公司。奧維爾痊癒後，在維爾伯的幫助下，完成對美軍飛行的證明，從此開啟了軍用航空之門。看起來一切似乎都如此順利……

其實不然，他們的生意並不好！為此在 1910 年春天，他們雇用並訓練一個團隊，目的是四處去展示飛機和參加比賽為公司爭取名次以獲得獎金，雖然萊特兄弟很輕蔑這樣的行為，稱這個行為為「江湖醫生的生意」，但是迫於現實只能無奈的這樣做。後來，有兩位飛行員相繼墜機而喪命，因此在 1911 年 11 月他們決定解散這個團隊。

接著萊特兄弟在代頓成立製造飛機的工廠及飛行學校。1910 到 1916 年間，萊特飛機公司的飛行學校訓練了一百一十五位的飛行員，其中有許多飛行員後來變得很有名，其中包括二次大戰時，美國空軍的五星上將亨利・阿諾德。

大多數人都知道萊特兄弟是飛機的發明人，但是並不知道他們是糟糕的商人。尤其在他們簽下幾份合約之後，他們變得非常在意失去對這項發明的財務控制權，使得他們不僅拒絕競爭者的好奇眼光，同時也阻擋了潛在的顧客，以及所有可協助散布消息的人士，最後更深陷於專利戰爭的漩渦而遭受身心上的折磨。

12 專利戰爭

其實早在1903年萊特兄弟的動力飛機進行測試之前，他們就向美國專利局提出「飛機」專利的申請。但是如果看過他們申請的文件就知道，他們申請的飛機專利並未包括動力裝置和螺旋槳，所謂的「飛機」只不過是1902年的那架滑翔機。

來，我帶你去看看萊特兄弟當初申請專利的文件。喔，你說你看不懂英文，沒關係，我大概說一說聽申請專利的內容。主要包括：

一、飛機包括機翼、前方的水平升降舵和後方的垂直方向舵；飛機是用質量輕而堅固的木材製成；機翼上包覆著布之類的高強度的纖維織物。

二、機翼是上下平行的複翼，可透過操縱使機翼扭轉，促使飛機傾斜，進而轉向。

三、方向舵是由支架與上下翼連接，可透過操縱使方向舵左右轉動，進而改變飛機重心後方的側向受風面積，使飛機改變左右方向並加強平衡；可控制方向舵略微向上升起，這樣就可以防止飛機降落時，方向舵與地面摩擦、碰撞而損壞。

四、升降舵安裝於機翼向前延伸的支撐桿上，一般升降舵處於水平狀態，具有柔軟度，並可透過操縱改變升降舵上下角度，產生不同升力，使飛機向上或向下，並能防止飛機著地時顛簸或傾翻。

五、飛機機翼的扭轉與方向舵的操作系統是由繃緊的鋼索和一組與機翼相連接的滑輪所組成，鋼索兩端分別牢固的繫於機翼與鞍座，駕駛藉由移動身體進行操控；而升降舵的操縱系統也是鋼索與滑輪組成，駕駛利用手前後移動操控升降舵。

雖然用現在的眼光來看，這個專利顯得有點稚拙，但是卻展示了飛機的三軸控制觀念，這也是這個專利的重點——一種新的控制飛機的方式。這三軸控制的觀念一直沿用至今呢！

經過三年漫長的審查，到了 1906 年，他們終於獲得了編號821393號專利，但他們仍然不認為可以得到太多的保障，這點顧慮後來果然應驗了。

還記得我們前頭提過葛蘭・寇帝斯這個名字嗎？寇帝斯 1878 年出生於紐約，僅受過八年的正規教育，從小就對機械、發明非常有興趣，還曾經發明了模版印刷機和最原始的照相機。

1898 年在他結婚之後，他開始以自行車競賽選手為業，並開設腳踏車店。後來，在內燃機*發展日趨成熟的時候，他開始研發動力機車。他曾製造一部擁有一汽缸內燃機的動力腳踏車，那個內燃機當然也是他親手設計製作的。後來，他研發出動力機車，在 1903 年創下時速 103 公里的世界紀錄，1907 年更設計出 V 型八汽缸引擎的機車，創下時速 219.3 公里的歷史新紀錄。他的機車除了速度快之外，還有一項特色讓人印象深刻，那就是沒有煞車系統。你聽來或許會覺得荒謬，但是他已是當時美國 NO. 1 的機車製造者呢！

1906 年時，寇帝斯曾拜訪萊特兄弟，針對航空動力及螺旋槳推進器的主題相談甚歡，

放大鏡

＊內燃機 (Internal combustion engine) 將燃料輸入，在機器內部燃燒，然後將產生的熱能轉化為動能的一種機器。今日的汽機車的引擎，就是一種內燃機。

也難怪，因為這是雙方共同感興趣的話題。

後來，因為寇帝斯能製造出美國最好的輕型馬達，所以電話發明人貝爾邀請他加入他的航空實驗組織，並於 1907 年製造出飛機， 1908 年成功的完成第一次官方的飛行試驗。日後寇帝斯成立了一家規模很大的公司開始製造飛機。此外，值得一提的是，寇帝斯是美國第一位拿到飛行執照的飛行員，而萊特兄弟分別排名第四和第五呢！

同年（1908 年），萊特兄弟得知寇帝斯的作為，警告寇帝斯不准藉由使用扭轉機翼的方式飛行、或販賣具有這種新式操控方式的飛機，並要求寇帝斯付予相當的權利金。但是寇帝斯不僅拒絕了，還於 1909 年販賣一批擁有新式操控方式的飛機給紐約航空協會。

當年寇帝斯在法國參加飛行競技，同時萊特兄弟也在德國柏林推銷他們的飛機。對於寇帝斯這樣的作法，萊特兄弟感到非常憤怒，因此提出侵權訴訟，就此展開一場專利戰爭。

同時，萊特兄弟也控告其他國家的飛行員，利用新式操控方式進行飛行，侵犯他們的專利權。於是，萊特兄弟陷入一長串的法律纏訟，維爾伯更是一肩擔下所有出庭辯護的工作，隨著律師四處奔走，承受莫大的精神壓力與生理上的勞累。

然而，維爾伯並沒有等到勝利到來的那一天。

在美國，法院於 1913 年判

決萊特兄弟勝訴，但是寇帝斯不服，提出上訴。1914 年 1 月，美國最高法院裁決萊特兄弟勝訴，但是寇帝斯公司仍透過合法的手段拒絕付與罰金。

在歐洲的纏訟，被告則以拖延戰術，拖過萊特兄弟的專利到期年限的 1917 年。而德國法院則是判決萊特兄弟敗訴，因為法院認定早在 1901 年維爾伯就已經公開演講有關飛機的操控技術，而他們的忘年之交夏尼特也曾在 1903 年公開演講過，所以這些技術並不算什麼「新聞」。

因為專注於捍衛他們的專利權，萊特兄弟完全忽視了繼續研發新式飛機的必要，到了 1911 年，大家都認為萊特兄弟飛機的性能已經遠遠落後其他歐洲製造的飛機。甚至在 1917

年，美國加入第一次世界大戰時，因為沒有適合的美製飛機，迫使美國軍方不得不使用歐製的飛機。

雖然一次大戰還如火如荼的在進行著，美國政府強行介入指導一個執照許可的組織，要其中的所有會員公司都必須為他們使用的航空專利付一筆錢，這些專利包含早期的航空專利與萊特兄弟所申請的專利。事後，萊特—馬汀公司＊及寇帝斯公司各得兩百萬美金的補償，這場紛紛擾擾的專利戰爭總算落幕，萊特兄弟不但沒有從中獲得應有的報酬與榮

放大鏡

＊ 1915 年，奧維爾賣掉萊特飛機公司，後繼者將公司名改為萊特—馬汀公司，後來幾經更替，改為「萊特飛行財團法人」。諷刺的是，後來萊特飛行財團法人與寇帝斯公司於 1929 年合併，成為萊特—寇帝斯財團法人，直到現在還經營航空業高科技零件的生意。

耀，還賠上了健康與他們的英雄形象。

批評他們的人說他們是貪婪而且不公平的，說他們的行為和那批不想受專利約束的歐洲發明家一樣的不適當；財大勢大的飛機製造商除了不願付給萊特兄弟任何專利費用，還不斷污蔑他們；夏尼特也曾公開批評他們兩人的作為，因此使他們多年的友誼產生無法彌補的裂縫；還有人說都是因為他們眼界太小，執著於專利，所以才會落得這樣的下場，如果他們將精力灌注於飛機的研究上，或讓大家分享他們的專利，或許會有更多巨大的發明與影響。另外，也有支持者說他們不過是為幾年來的努力要求公平的補償罷了。

我覺得萊特兄弟會這樣執

著於保護他們的專利，是情有可原。因為他們可以說是賭上事業與生命去拚搏，是用生命研發飛機啊！自然不願讓那些投機者平白獲得利益。

我帶你去見識的不過是萊特兄弟進行幾千次測試中的一次。每次的飛行測試，他們都詳細記載不同飛行狀況下的升力、阻力、速度等資料，並對操縱系統進行無數次的修改，才得以成功，背後所付出的心力，豈是旁觀者能夠理解的。

不過也的確是因為專注在專利權上，所以他們在 1910 年代，唯一做過的研發是把升降舵移到飛機後方，並在飛機上加上輪子，使飛機在高速之下更容易控制，這一種新式飛機被稱為萊特 B 式飛機。如果以他們的能力，或是他們開放專利權的使用，或許能獲致更高的成就或名聲。你覺得呢？

當然，山不轉路轉，萊特兄弟不准其他飛機工程師採用機翼扭轉的操縱法，於是有工程師另外想出了一個辦法，他們在機翼上加裝「副翼」，可上下轉動，以取代扭轉機翼的功用，這項發明一直沿用到今天。

13 與父親的約定

看到這裡，你還記得兄弟倆決定步上李里塔爾的腳步時心裡的悸動嗎？讓我們回到 1896 年……但是我們要去的地方不是萊特兄弟的腳踏車店，而是到代頓萊特家。

聞到四溢的飯菜香了嗎？現在正是晚餐時間呢！讓我們進去聽聽他們在談些什麼。

「父親，從小您從不要求我們做我們不想做的事，也不會要我們依照您的意思去做決定。您總是和藹的循循善誘，讓我們知道是非對錯，信任我們所做的決定，並全力支持。就算我們做錯事，您也不慍不怒的要我們記取教訓，不要再犯。」維爾伯一口氣說出父親從小對他們的教養態度，「因為您的愛，我們才能自由自在快樂的成長，並養成獨立思考的能力。」

彌爾頓微笑著點點頭，「很高興，你們能了解我這個做父親的用心。」

「父親，謝謝您！您知道我和奧維爾自小就對機械非常有興趣，對飛行更是熱中。當我們在報上讀到李里塔爾過世的消息，都非常震驚。您知道，李里塔爾對飛行的貢獻，如果他的研究就此中斷，那人類飛行的夢是否就此幻滅呢？所以我和奧維爾想……」維爾伯突然變得吞吞吐吐：「我們想……」維爾伯停下來看了奧維爾一眼，奧維爾對他點點頭，表示支持。

彌爾頓皺了皺眉，他擔心

的事或許就要發生了！

看到父親的表情，維爾伯艱難的吞了口口水，接著說：「我們已經仔細考慮過了，我們想一邊經營腳踏車生意，一邊研究、發明飛機。不知道您覺得如何？」

終於，彌爾頓吐了口氣，沉思了一會兒，還沒開口，奧維爾就忍受不了沉滯的氣氛，故作輕鬆的開口說：「父親，您知道我和哥哥都很想飛，而且有那麼多的飛行前輩已經打下了基礎，所以我們接著做，一定很容易的啦！況且就算失敗了，也沒關係啊，反正我們還可以繼續經營腳踏車店，要養活自己不難啦！」

彌爾頓似乎被奧維爾的話逗笑了，「哈哈，我相信要養活自己一點都不難。」接著他臉色一沉，「但是，我擔心你們的安全。」

彌爾頓雖然沒有說出阻止的話，但是萊特兄弟知道父親的憂慮後，也沉默了。他們不是不知道飛行的危險性有多高，尤其在實驗階段，隨時都有可能因為設計不當，或因外在不可抗力的因素而喪命，就像李里塔爾一樣。但是，心中沸騰的熱血流竄，一腔熱情就要滿溢，飛行的細胞不斷增長，在在讓他們無視飛行可能帶來的危險。

這頓晚餐就這樣安靜的結束了，三人各懷心事的離開餐廳，留下的只有窗外淅瀝瀝的雨。

彌爾頓回到房裡，想到剛才維爾伯和奧維爾說話時眼中閃爍的光芒，唉！他怎麼忍心阻止他們兄弟倆朝夢想前進呢？彌爾頓在床邊跪了下來，雙手握著十字架，低頭默禱：「天上的父，請給我指引，讓我可以用寬闊的心，看待一切不如意。請祢給我力量，支持他們完成夢想；請祢賜我智慧，安詳的面對他們所面對的危險。天上的父啊！請賜福給維爾伯與奧維爾，讓他們平安喜樂。」

彌爾頓慢慢的站了起來，走到窗邊看著兄弟倆親手打造的陽臺。當初為了生病的母親，兄弟倆貼心的打造了這陽臺，讓他們的母親能躺在那兒曬曬太陽，溫暖溫暖身子。兩兄弟常圍著母親說說笑笑，或坐在母親腳邊安靜的閱讀，更常溫柔的彎下腰來親吻母親的額頭，輕聲說：「我愛妳！」

記得他們還是粉嫩嬰孩的時候，總愛抱著他們，像演獨腳戲般喃喃自語，逗弄著他們；當他們在懷中沉沉的睡去，最愛看著他們熟睡的臉龐，此時似乎所有的紛紛擾擾都已不存在，進入純真無邪的世界，連嘴角都不自覺的微微上揚。

當他們危危顫顫學步時，他和妻子總是擔心的亦步亦趨，張開雙手在他們身後護著，深怕他們跌跤、受傷；只要他們成功的跨出一步、兩步，他和妻子便興奮的又叫又跳，對孩子又抱又親；當他們開始牙牙學語，他和妻子便瞬間成為小孩子，對他們說著旁人聽來非常幼稚的話語，即使被取笑也不在意。

當他們開始上學，像海綿

一樣吸收新知，成天有問不完的「為什麼」，他和妻子即使再累，也會耐心的一一回答，或是陪著他們一起查找答案；當他們調皮搗蛋惹得他和妻子生氣，但是只要他們認錯，說聲對不起，笑一笑，他和妻子的怒氣頓時消散無蹤，一顆心便融化在孩子的笑顏裡，怎麼也說不出要處罰的話來。當他們遇到挫折，他和妻子總是循循善誘，要他們從失敗中學習；當他們懷有心事，他和妻子會靜靜聆聽，成為他們最好的聽眾；當他們……往事歷歷，就像昨日，怎麼才一轉眼，他們兄弟倆已經長大了！

彌爾頓的目光飄向院子裡那片草地，隱約看見被風吹得彎低了腰的花朵，他彷彿看見兩兄弟的身影。他們兄弟倆選擇的路雖然充滿危險，但是相信他們不是溫室裡不堪一擊的花朵，他們經得起風吹雨打！神會庇佑他們的！

經過一夜的風雨，太陽一早就露了臉，灑下溫暖的光芒，照著院子裡精神奕奕的花草。

彌爾頓拉開窗簾，迎進滿屋子的光明，「美好一天的開始！」彌爾頓對自己說。

走到餐廳，彌爾頓見到維爾伯和奧維爾早已在餐桌旁就座，靜默的喝著咖啡，桌上的早餐連動也沒動，看他們疲憊的神情，想必一夜未眠。

「早啊！」彌爾頓神清氣爽的向兩兄弟打招呼。

「父親，早安。」兄弟倆有氣無力的向彌爾頓道早。

彌爾頓看了兄弟倆一眼，

「我有一個好消息和一個壞消息要宣布，你們要先聽哪一個？」他故作輕鬆的說。也不等兄弟倆的回答，他逕自說：「好消息就是我不反對你們的飛機實驗；壞消息就是我不同意你們同時進行飛行測試。」

聽完父親的話，兩兄弟黯淡的神情突然有了光芒，奧維爾忍不住飛奔過來抱著父親猛然一親，「謝謝您，父親！」

維爾伯也開心的站起來，對父親說：「父親，謝謝您！我們答應您不會同時進行飛行測試。我們會努力朝夢想前進，以答謝您對我們的支持。」三人同時都笑開了！

萊特兄弟的夢想即將起飛……。

好啦！接下來發生的事

情，你都已經知道了。我們轉到 1910 年 5 月 25 日霍夫曼大草原，來看看這值得紀念的一天。

萊特兄弟一如往昔穿戴整齊，準備進行飛行。但是，今天他們顯得特別興奮，蹦蹦跳跳的將飛機推出倉庫，在跑道上安置妥當。

凱薩琳看著兩個哥哥像小孩子一樣，不禁笑了出來：「我看你們今天活像三歲的小朋友，你們還會飛嗎？」

維爾伯稍稍斂起太過洋溢的情緒說：「當然！我們會飛得很好！」

奧維爾根本不管凱薩琳的取笑，「就算閉起眼睛我都能飛，這架飛機可是我們細心呵護的寶貝，它很聽話的！」話語中充滿自信與驕傲。

看著兒女嘻嘻笑笑，彌爾頓欣慰的點點頭，此刻他是天下最幸福的父親。

準備妥當後，彌爾頓與凱薩琳退到一旁，奧維爾向父親點頭示意，然後爬上飛機，端坐在駕駛座，那專注的神情，和他先前頑皮的形象相比，判若兩人。接著維爾伯也微笑對父親揮揮手，步向飛機，坐上乘客座。

你不要這麼訝異，沒錯，萊特兄弟答應過父親不同時飛行，但是這次是父親同意的！

看，飛機順著跑道加速，風從耳旁呼嘯而過，吹得景物快速的向後退去。接著機頭朝上揚了起來，飛機迎風起飛了！這是萊特兄弟第一次也是唯一的一次同時飛向青天，飛向夢想。

維爾伯轉向奧維爾，拍拍他的肩膀，想要開口說些什麼，千言萬語卻哽在喉嚨吐不出來，奧維爾的身影在感動的淚水中模糊了。他抬起頭，看著無垠的天空，湛藍得像是畫出來的那樣不真實，一切完美得彷彿在夢中，長期以來的壓力也在此刻煙消雲散。

奧維爾難得感性的說：「維爾伯，謝謝你！要不是有你，我們也沒有今天。」為了不讓盈眶的熱淚流下，他趕緊轉移注意力，大喊：「哇！我們辦到了！嘿！我們來了！」他低空滑過彌爾頓與凱薩琳的頭頂，吹亂了凱薩琳的頭髮，氣得她對著奧維爾大叫。奧維爾看到凱薩琳氣呼呼的模樣，哈哈大笑，眼裡笑出了淚。這淚不知因為笑還是感動……。

六分鐘後，飛機順利落地了。要下飛機時，維爾伯的雙腳竟然微微顫抖，一時站不起來。他深呼一口氣，離開乘客座，跑向父親，給他一個大擁抱！凱薩琳也歡欣的親吻了哥哥。

彌爾頓撥了撥被吹亂的頭髮，對維爾伯說：「我真以你們為榮！接下來就看我的了！」他意氣風發的走向奧維爾。

奧維爾沒有跟著下飛機，反而留在駕駛座上，因為他正要執行一個重要的任務。看著父親緩步走過來，他的心跳不斷加速，這一刻他已經等好久了！

「親愛的父親，請上座。」奧維爾伸出右手，幫助父親登上飛機。

「謝謝你，」彌爾頓拉著奧

維爾碩大的手，安心的坐上乘客座。「請帶我一遊你們的夢想。」

「遵命！」還有什麼比帶著父親遨遊天際、分享他們的成就更讓人感到滿足呢？奧維爾搭載著父親飛向幸福的國度。

隨著引擎轟隆轟隆的聲音，飛機越飛越高。高齡八十二的彌爾頓不僅不害怕，還直呼：「高點，奧維爾，飛高點！」

看著父親如孩童般的笑顏，維爾伯攬著凱薩琳笑得嘴都有點酸了。但是，彌爾頓的好心情卻沒有延續多久……。

14 少了一隻手

1912 年，為了專利戰爭而四處奔波的維爾伯從波士頓回到代頓後，感覺身體非常不舒服，經過診斷，醫生證實他是得了傷寒。沒多久，維爾伯的病情急轉直下，於 5 月 30 日不幸逝世。

彌爾頓白髮人送黑髮人的痛，或許你還小沒辦法體會，但是奧維爾失去手足的傷心，或許可以這樣讓你理解。

你的手曾經受傷過嗎？不管是左手還是右手受傷，你會不會覺得做起事來非常不方便？維爾伯和奧維爾就像雙手一樣，彼此相輔相成，通力完成所有的工作。如今失去了一隻手，奧維爾也失去了研發飛機的動力，何況專利戰爭還沒結束，他更是沒有心思再做什麼改變了。

奧維爾和凱薩琳覺得寇帝斯必須為維爾伯的死負上一些責任，因為維爾伯為了專利戰爭遭受非常大的精神折磨。

1915 年，奧維爾賣掉萊特飛機公司，與父親、妹妹一起搬到小鷹鎮，生活更是低調。

1917 年，彌爾頓在睡夢中安詳的去世，凱薩琳於 1926 年結婚。面對孤單的晚年生活，奧維爾幾乎失去了聲音。

你問我他們為什麼要搬到小鷹鎮那個鳥不生蛋的地方？我猜，或許是他們想念維爾伯吧！因為那裡是他們成功的地方。不過，因為萊特兄弟的關係，後來小鷹鎮漸漸繁榮起來，再也不是荒蕪之地了。

另外，還值得一提的是奧維爾親眼見到在第二次世界大戰時，飛機載著兩顆原子彈轟炸廣島，造成重大的傷亡。他的心情我無法揣測，但我可以理解的是他一定非常難過，他和哥哥用生命研發的飛機，竟成為殘害生命的幫凶！但是沒有人會怪罪於他們，只會永遠記得兩人對人類飛行夢想的貢獻，而這份榮耀歸於兩兄弟，無法切割。

15 啟航

經過這一趟復古的飛行之旅，你是不是深深為萊特兄弟而感動呢？我最佩服他們的是堅持到底的毅力與自學的精神。

你知道現在的飛行員必須先接受空氣動力學、氣象學、飛機結構力學、基本的機械原理、引擎的運作原理、航空法規、人類生理學等等的專業訓練後，再經過測驗，累積飛行時數，才能成為獨當一面的正駕駛嗎？坐在有電腦導航系統的駕駛座中，駕駛可以安全飛行的飛機，那已經很不容易了！何況是在沒有受過專業訓練的情況下，萊特兄弟居然藉著自學以及不斷的實驗，得到書上所沒有的寶貴知識。想到這兒，每每讓我感動到不行！

你呢？你最佩服萊特兄弟的是什麼？

好啦！A8888已經蓄勢待發了！跨出你的腳步，未來航空等著你！

1867 年　4 月 16 日，維爾伯・萊特出生於美國印第安那州。

1871 年　8 月 19 日，奧維爾・萊特誕生於美國俄亥俄州。

1878 年　收到父親送的飛行玩具，點燃了他們飛行興趣的火花。

1889 年　發行《西方報》，開始報社事業。母親過世。

1892 年　自行創業開設腳踏車公司。

1896 年　8 月，李里塔爾在一次飛行試驗中墜機身亡。

1899 年　開始他們的飛行研究生涯。製作一架類似風箏的雙翼飛行器，利用扭轉機翼的方式，改變雙翼飛行方向。

1900 年　製作第一架大型的滑翔機，在機翼前方設計了一對平行的升降舵，增加滑翔機縱軸上的控制能力。

1901 年　建造第二架大型的滑翔機，並提升機翼的面積，但是測試並沒有成功。回到代頓後，萊特兄弟開始進行風洞實驗，取得大量的可靠數據資料。

1902 年　建造了第三架滑翔機，並在機尾加裝垂直方向舵，以增加滑翔機重心後半部的側向受風面積 ，並進行上千次的試飛。

1903 年　申請飛機專利。建造「飛行者一號」。12 月 14 日進行第一次試飛，沒有成功。12 月 17 日，由奧維爾駕駛，成功完成史上第一次具有動力裝置的飛機的飛行紀錄。

1904 年　製造「飛行者二號」。

1905 年　製造「飛行者三號」，後徹底重建，創下連續飛行三十八分鐘，航程達 39.4 公里的新紀錄。其後在美國及歐洲各國進行飛機展售。

1906 年　取得美國飛機專利。

1909 年　經營「萊特飛機公司」，測試飛機，訓練飛行員，參加飛行展示。

1910 年　萊特兄弟同機飛行。稍後，奧維爾搭載父親遨遊天際。

1912 年　維爾伯死於傷寒。

1915 年　奧維爾賣掉萊特飛機公司，與父親、妹妹搬到小鷹鎮定居。

1917 年　父親過世。

1948 年　奧維爾逝世。

國家圖書館出版品預行編目資料

夢想起飛：萊特兄弟／齊飛著;簡志剛繪.——初版三刷.——臺北市：三民，2024
面； 公分.——(兒童文學叢書／世紀人物100)

ISBN 978-957-14-5048-3（平裝）
1. 萊特(Wright, Orville, 1871-1948) 2. 萊特(Wright, Wilbur, 1867-1912) 3. 傳記 4. 通俗作品

785.27 97007831

世紀人物 100

夢想起飛：萊特兄弟

作　　者｜齊　飛
主　　編｜簡　宛
繪　　者｜簡志剛

創 辦 人｜劉振強
發 行 人｜劉仲傑
出 版 者｜三民書局股份有限公司（成立於 1953 年）

三民網路書店
https://www.sanmin.com.tw

地　　址｜臺北市復興北路 386 號 （復北門市） (02)2500-6600
臺北市重慶南路一段 61 號（重南門市） (02)2361-7511

出版日期｜初版一刷 2008 年 5 月
初版三刷 2024 年 5 月
書籍編號｜S782100
I S B N｜978-957-14-5048-3